Sophies
Tartes, Quiches
und Salate

Im Gerstenberg Verlag bereits erschienen:
Sophies Cakes
Ducasse ganz einfach dank Sophie
Sophies Buffets
Sophies Marmeladen & Kompotte
Sophies Grillfeste
Sophies Gourmet-Haschees
Sophies Suppen
Sophies Winterdesserts
Sophies Sommerdesserts

Entdecken Sie Sophies kulinarische Welt:
ihre Kochbücher, ihre Rezepte, ihre Tipps, ihre Kochkurse,
ihre Feinschmeckerprodukte und ihr behagliches Landhotel in der Normandie.

www.lamaisondesophie.com

Sophie Dudemaine
La Maison de Sophie
F–14950 Saint-Étienne-la-Thillaye
Tel. 0033-02 31 65 69 97

Die Originalausgabe erschien unter dem Titel *Tartes & Salades de Sophie*

4. Auflage 2010

Satz: typocepta, Wilhelm Schäfer, Köln
Printed in Italy
ISBN 978-3-8369-2964-6
www.gerstenberg-verlag.de

Sophie Dudemaine

Sophies Tartes, Quiches und Salate

Fotos von Philippe Exbrayat
Food Styling von Pascale Parmentier

Aus dem Französischen von Barbara Holle

GERSTENBERG

Süße Tartes 97

Sophies Ratschläge *(unbedingt lesen!)*

Meine Ausrüstung

Die Backformen

Sämtliche Rezepte dieses Buches sind für eine Tarteform mit 28 cm Durchmesser berechnet. Sie können, wie auf einigen Fotos zu sehen, jedoch ohne weiteres auch andere Formen (rechteckige, herzförmige …) verwenden.

Backformen sind in den unterschiedlichsten Größen und Formen erhältlich. Es gibt Formen aus Metall, aus Glas, aus Porzellan und solche mit Antihaftbeschichtung.

Seit einigen Jahren findet man darüber hinaus überaus praktische Backformen aus Silikon, die man in die Gefriertruhe stellen kann und die sich sowohl für den herkömmlichen Backofen als auch für die Mikrowelle eignen. Sie sind einfach zu pflegen und müssen nicht eingefettet werden. Beim Kauf sollten Sie allerdings den etwas teureren Produkten den Vorzug geben. Sie sind in der Regel qualitativ hochwertiger als die preiswerteren.

Ich persönlich verwende Silikonbackformen oder antihaftbeschichtete Formen. Und für Tartelettes und Minitartelettes benutze ich Förmchen mit Silikonbeschichtung.

Die Arbeitsfläche

Als Unterlage zum Ausrollen des Teiges verwende ich eine Silikonbackmatte. Sie eignet sich auch zum Backen und Erhitzen der Tartes und hat den Vorzug, dass der Teig darauf nicht anhaftet.

Die Mikrowelle

Sie ist ideal zum Schmelzen von Butter oder Schokolade und zum Erwärmen der Milch. Beides geht damit wesentlich einfacher als mit dem Wasserbad.

Das Nudelholz

Es sollte wirklich aus Holz sein.

Weitere Backgeräte

Zu meinen Backutensilien gehören außerdem Teigschaber, Streichpaletten zum Glätten, Backpinsel, Schneebesen, Schüsseln, Kasserollen …

Zum Zuschneiden der Teigböden für Tartelettes verwende ich Ausstechförmchen in der entsprechenden Größe. Damit lassen sich Böden im Handumdrehen zurechtschneiden. Zum Auskleiden der Förmchen nehme ich einen Gegenstand, der sich der Form gut anpasst. So werden die Tartelettes perfekt.

Es gibt nichts Lästigeres, als die Mengenangaben eines Rezepts erst umrechnen oder nach einem geeigneten Messbecher suchen zu müssen. Ich habe das Problem mit einer elektronischen Küchenwaage gelöst. Sie zeigt Flüssigkeitsmengen in Millilitern und Dezilitern an, und ich muss mir den Kopf nicht mehr zerbrechen. So wird Kochen zu einem fast auf Gramm und Milliliter genauen Vergnügen. Sollten Sie sich unbedingt schenken lassen oder sich selbst zum Geschenk machen.

Ein Spritzbeutel ist ebenfalls empfehlenswert – aber nicht unbedingt erforderlich –, um Cremes, zum Beispiel eine Mandel- oder Konditorcreme, dekorativ auf dem Tarteboden zu verteilen.

Der Tarteteig

Die Zutaten

Kuchenteige sollten stets mit etwas Salz zubereitet werden. Ich habe das Problem dadurch gelöst, dass ich gesalzene Butter verwende.

Für die meisten Teige benötigen Sie weiche Butter. Um sie besonders cremig zu machen, können Sie die weiche Butter in der Mikrowelle oder im Wasserbad schmelzen und anschließend mit dem Kochlöffel cremig aufschlagen. Die Butter können Sie auch durch Margarine (cholesterinsenkend) oder durch 100 ml eines beliebigen Öls ersetzen.

Sollten Sie eine Ei-Allergie haben, können Sie den Tarteteig ganz ohne Eier zubereiten und müssen sie nicht einmal durch eine andere Zutat ersetzen.

Mürbeteige brechen leicht und lassen sich deshalb häufig relativ schwer zerteilen. Um dies zu vermeiden, fügen Sie dem Teig einfach einen Löffel Crème fraîche* hinzu. Dadurch wird er elastischer.

Und schließlich können Sie Ihren Tarteteig noch mit den verschiedensten Zutaten – Trockenfrüchten, gemahlenen Mandeln oder Haselnüssen, Kokosraspeln, Kakaopulver, ja sogar Alkohol … – verfeinern.

Das Kneten des Teigs

Damit Ihr Teig schön knusprig und mürb bleibt, darf er nicht zu sehr durchgeknetet werden. Vorsicht also, wenn Sie ihn in der Küchenmaschine zubereiten: Kneten Sie ihn nicht zu lange. Es reicht vollkommen aus, wenn Sie die Maschine ein paar Mal für einige Sekunden einschalten.

Ich knete den Teig stets mit den Händen und trage dabei dünne Einmalhandschuhe. So bleiben die Hände vollkommen sauber.

Ist der Teig zu trocken, fügen Sie etwas Wasser hinzu. Ist er zu weich, mischen Sie etwas Mehl unter.

Zum Schluss formen Sie den Teig zu einer Kugel, schlagen ihn in Frischhaltefolie ein und lassen ihn mindestens 2 Stunden im Kühlschrank ruhen.

Das Ausrollen des Teigs

Ich empfehle Ihnen, den Teig spätestens 15 Minuten vor dem Ausrollen aus dem Kühlschrank zu nehmen. Er ist dann nicht mehr so fest und lässt sich leichter bearbeiten.

Zum Ausrollen verwende ich eine Silikonbackmatte. Wenn Sie ihn auf der Arbeitsfläche ausrollen, sollten Sie diese unbedingt leicht mit Mehl bestäuben, damit der Teig nicht anklebt.

Rollen Sie den Teig mit einem Teigroller aus Holz aus. Der Durchmesser des Tartebodens muss dabei stets größer sein als der der Form. Wickeln Sie den Teig anschließend um das Nudelholz und legen Sie ihn über die Form.

Bei Früchten, die beim Backen viel Saft abgeben (wie zum Beispiel Pflaumen, Kirschen …), sollten der Boden und der Rand etwas dicker sein als gewöhnlich.

Verwenden Sie eine Backform mit Antihaftbeschichtung, ist es nicht erforderlich, die Form mit Butter einzufetten oder mit Mehl zu bestäuben. Bei unbeschichteten Formen dürfen Sie allerdings keinesfalls vergessen, die Form einzufetten oder mit Mehl auszustäuben, bevor Sie sie mit dem Teig auslegen.

Im Handel erhältliche frische Fertigteige gebe ich stets mit dem Backpapier in die Form, drücke den Teig am Boden und am Rand fest an und lasse das Papier am Rand etwas überstehen.

Um zu vermeiden, dass sich der Teig beim Backen zusammenzieht, muss er vor dem Belegen und dem Backen unbedingt noch ein letztes Mal im Kühlschrank ruhen (inzwischen können Sie den Belag zubereiten).
Blätterteig saugt Flüssigkeit weniger stark auf als ein Mürbe- oder Sandteig und eignet sich deshalb besser für saftiges Obst.
Vorsicht bei Backformen mit herausnehmbarem Boden: Stechen Sie den Tarteboden niemals ein und achten Sie darauf, dass er keine Löcher hat. Sie laufen sonst Gefahr, dass die Füllung ausläuft und sich in den Backofen ergießt. Wenn ich die Tarte mit Belag backe, steche ich den Boden niemals ein. Backe ich den Teig hingegen ohne Belag vor, steche ich Boden und Rand stets mit einer Gabel ein.
Bei Blätterteigen empfiehlt es sich, den Rand mit kleinen – geraden oder schrägen – Einschnitten zu versehen. Der Teig geht dann beim Backen schön auf.
Der Rand bekommt eine schöne goldbraune Farbe, wenn man ihn vor dem Backen mit etwas leicht verquirltem Eigelb – das Sie auch mit etwas Wasser verdünnen können – bepinselt.

Das Verzieren der Teigränder

Das Verzieren der Teigränder ist ganz einfach, und Sie können Ihrer Phantasie dabei freien Lauf lassen. Ihre Freunde werden beeindruckt sein.

Hier vier Anregungen:

Der geflochtene Rand (siehe Foto S. 121, Mokkatartelette): Dafür können Sie die Teigreste verwenden. Schneiden Sie daraus etwa 0,5 cm breite Streifen zurecht, flechten Sie sie zu einem Zopf und befestigen den Zopf mit kaltem Wasser auf dem Rand der Tarte. Bei Bedarf flechten Sie einfach mehrere Zöpfe.
Der Blattrand (siehe Foto S. 150–151, Apfeltarte): Dafür verwenden Sie ebenfalls die Teigreste. Schneiden Sie mit einem spitzen Messer Blätter aus dem Teig aus und ritzen Sie die Blattadern mit der Messerspitze hinein. Fixieren Sie die Blätter anschließend mit etwas kaltem Wasser auf dem Rand der Tarte.
Der gewellte Rand (dies ist der klassische Tarterand, der auf den meisten Fotos zu sehen ist): Ziehen Sie den Teig, nachdem Sie die Form damit ausgelegt haben, am Rand mit Daumen und Zeigefinger hoch und drücken Sie ihn mit den Zinken einer Gabel fest an.
Der gezackte Rand (siehe Foto S. 155, Zwetschgentarte): Schneiden Sie den Teigrand nachdem Sie die Form mit dem Teig ausgelegt haben, in regelmäßigen Abständen ein und klappen Sie jede zweite Teiglasche nach innen.

Die Lagerung des Teigs

Alle Tarteteige sind im Kühlschrank 2 bis 3 Tage haltbar und lassen sich auch ausgezeichnet einfrieren (allerdings nicht länger als 3 Monate). Denken Sie daran, den Teig am Vorabend aufzutauen. Noch besser ist es, wenn Sie den Teig direkt in der Form einfrieren. Sie können ihn dann bei Bedarf jederzeit belegen und backen, ohne ihn vorher auftauen zu müssen.

Fertigteige

Noch einfacher und schneller geht es, wenn Sie den Teig für Ihre Tartes oder Tartelettes nur noch ausrollen und belegen müssen. Wenn die Zeit knapp ist, benutzen Sie einfach einen guten Fertigteig. Und lassen Sie sich deshalb kein schlechtes Gewissen einreden.

Der Belag

Legen Sie Kernobst wie Aprikosen oder Pflaumen stets mit der Schnittfläche nach oben auf den Teig. Dadurch verhindern Sie, dass der Saft während des Backens ausläuft.
Verwenden Sie keine Füllungen, die Flüssigkeit oder Saft enthalten, und achten Sie darauf, dass die Füllung nicht mehr heiß ist. Sonst weicht der Teig auf.
Um zu vermeiden, dass der Teig durchweicht, empfiehlt es sich, die Böden für süße Tartes mit gemahlenen Mandeln oder Haselnüssen zu bestreuen, mit Puderzucker zu bestäuben oder mit einem leicht verquirlten Eiweiß zu bestreichen. Salzige Teige bestreut man am besten mit Paniermehl.
Säuerliche Früchte sollten Sie vor dem Backen mit Zucker bestreuen. Das mildert den säuerlichen Geschmack, und sie bekommen eine schönere Farbe. Bei Früchten, die beim Backen Saft abgeben, ersetzen Sie den herkömmlichen Zucker durch Gelierzucker. Dadurch wird überschüssiger Saft absorbiert.
Ich überziehe meine Tartes zwar nicht mit einem Guss aus verflüssigter Konfitüre oder Gelee. Sie können die gebackene Tarte, nachdem sie ausgekühlt ist, jedoch ohne weiteres mit flüssigem Johannisbeergelee (bei roten Früchten), einer orangefarbenen Marmelade oder einem orangefarbenen Gelee (bei gelben Früchten) oder aber mit einem handelsüblichen Guss überziehen.
Als Basis für die Füllungen meiner pikanten Tartes verwende ich ausschließlich Sahne. Wenn Sie möchten, können Sie die Sahne ganz oder zur Hälfte durch Milch ersetzen. Die Tarte ist dann zwar weniger cremig, dafür aber auch weniger kalorienreich.

Das Backen

Die Silikonbackmatte, auf der ich meinen Teig ausrolle, benutze ich auch als Backblech und zum schnellen Erhitzen meiner Tartes.
Bei einigen der hier vorgestellten Tartes muss der Teig zunächst ohne Belag gebacken werden. Man nennt dies blindbacken. Es gibt zahlreiche Tricks, um zu verhindern, dass der Teig beim Backen aufgeht. So können Sie, nachdem Sie die Form mit dem Teig ausgelegt haben, den Boden und den Rand beispielsweise mit einer Gabel einstechen oder den Teig mit Pergament- oder Backpapier abdecken und ihn mit getrockneten Hülsenfrüchten oder gewaschenen Kieselsteinen beschweren. Oder Sie setzen in die mit dem Teig ausgekleidete Form ganz einfach eine zweite, etwas kleinere Form (in eine Form mit 28 cm Durchmesser zum Beispiel eine mit 26 cm Durchmesser).
Um festzustellen, ob Ihre Tarte durchgebacken ist, heben Sie den Teig etwas an, indem Sie mit einem Holzpfannenwender zwischen den Teig und den Boden der Form fahren, und die Farbe des Tartebodens kontrollieren. Damit die Tarte schön knusprig bleibt, sollten Sie sie nach dem Backen unbedingt auf einem Kuchengitter auskühlen lassen.

Mengenangaben und was Sie noch bedenken sollten

Zum Aperitif rechnen Sie 1 pikante Tarte für 8 Personen; als Vorspeise (mit Salat) 1 Tarte für 8 Personen; als Hauptgang (mit Salat) 1 Tarte für 6 Personen.
Als Dessert oder zum Nachmittagskaffee rechnen Sie 1 süße Tarte (mit oder ohne Beilage) für 6 Personen. Am besten schmecken die Tartes natürlich ganz frisch. Aber Sie können sie ohne weiteres mehrere Stunden im voraus zubereiten und kurz vor dem Servieren noch einmal einige Minuten bei 180 °C (160 °C Umluft) im Backofen erhitzen. Die fertigen Tartes lassen sich im Ganzen oder in Stücken einfrieren. Denken Sie aber daran, sie am Vorabend zum Auftauen aus der Gefriertruhe zu nehmen.

Süsser Mürbeteig

Für eine Tarteform mit 28 cm Durchmesser

250 g doppelgriffiges Mehl
130 g weiche gesalzene Butter
60 g gemahlene Mandeln
130 g Puderzucker
2 Eigelb

Das Mehl in einer Schüssel mit der klein geschnittenen Butter vermengen. Die gemahlenen Mandeln, den Puderzucker und die Eidotter hinzufügen und das Ganze mit 4 Esslöffeln kaltem Wasser zu einem glatten Teig verarbeiten.
Den Teig zu einer Kugel formen, in Frischhaltefolie einschlagen und mindestens 2 Stunden in den Kühlschrank legen.
Den Teig spätestens 15 Minuten vor dem Ausrollen aus dem Kühlschrank nehmen, die Arbeitsfläche mit Mehl bestäuben und den Teig mit dem Nudelholz ausrollen.

Knuspriger Mürbeteig

Kleine Warenkunde internationaler Zutaten; in den Rezepten mit * gekennzeichnet 159

Für eine Tarteform mit 28 cm Durchmesser

180 g Mehl
90 g weiche gesalzene Butter
*180 g Petit Suisse**

Das Mehl in einer Schüssel mit der klein geschnittenen Butter und dem Petit Suisse* (ersatzweise ungesalzener Frischkäse) vermengen.
Den Teig zu einer Kugel formen, in Frischhaltefolie einschlagen und mindestens 2 Stunden in den Kühlschrank legen.
Den Teig spätestens 15 Minuten vor dem Ausrollen aus dem Kühlschrank nehmen, die Arbeitsfläche mit Mehl bestäuben und den Teig mit dem Nudelholz ausrollen.
Der knusprige Mürbeteig eignet sich für alle pikanten Tartes.

Sandteig

Das Mehl, die klein geschnittene Butter, Zucker und Ei in einer Schüssel miteinander vermengen. Den Teig zu einer Kugel formen, in Frischhaltefolie einschlagen und mindestens 2 Stunden in den Kühlschrank legen. Den Teig spätestens 15 Minuten vor dem Ausrollen aus dem Kühlschrank nehmen, die Arbeitsfläche mit Mehl bestäuben und den Teig mit dem Nudelholz ausrollen.

Für eine Tarteform mit 28 cm Durchmesser

250 g Mehl
125 g weiche gesalzene Butter
125 g Puderzucker
1 Ei

Klassischer Mürbeteig

Das Mehl in einer Schüssel mit der klein geschnittenen Butter, dem Eigelb und 50 ml Wasser vermengen. Den Teig zu einer Kugel formen, in Frischhaltefolie einschlagen und mindestens 2 Stunden in den Kühlschrank legen. Den Teig spätestens 15 Minuten vor dem Ausrollen aus dem Kühlschrank nehmen, die Arbeitsfläche mit Mehl bestäuben und den Teig mit dem Nudelholz ausrollen.

Für eine Tarteform mit 28 cm Durchmesser

250 g Mehl Typ 550
125 g weiche gesalzene Butter
1 Eigelb

Blätterteig

Dieses Wunderwerk der Konditorkunst ist selbst für Profis eine Herausforderung. Im Handel sind daher verschiedene Fertigteige erhältlich. Achten Sie darauf, dass der Teig mit Butter hergestellt wurde. Wenn Sie tiefgekühlten Blätterteig verwenden, sollten Sie für eine Tarteform drei Teigplatten nach Packungsanleitung ausrollen. Neuerdings gibt es im Kühlregal auch frische runde oder eckige Blätterteigfladen zu kaufen, die mit Backpapier eingerollt sind. Sie legen die Platte einfach samt dem Backpapier in die Tarteform – fertig. Auch Ihr Bäcker oder Konditor wird Ihnen gerne einen backfertigen Blätterteig verkaufen. Ein Rezept finden Sie hier also nicht, denn auch ich mache meinen Blätterteig nicht selbst!

Pikante Tartes

Specktarte

Den Backofen auf 180 °C (160 °C Umluft) vorheizen. Eine Tarteform (28 cm Durchmesser) mit dem Teig auskleiden und die Form in den Kühlschrank stellen. Den Speck vom Fett befreien und in Streifen schneiden. Die Kartoffeln schälen, waschen, trockentupfen und in dünne Scheiben schneiden. Die Zwiebeln schälen und in dünne Ringe schneiden. Kartoffeln, Zwiebeln und Speck in einer Schüssel vermischen und mit Salz und Pfeffer würzen. Die Mischung auf dem Tarteboden verteilen. Die Sahne mit den Eiern und der Petersilie verrühren und über die Speckmischung gießen. Die Tarte mit dem Greyerzer bestreuen und 40 Min. backen.

Die Specktarte schmeckt frisch aus dem Ofen oder warm.

Für 6 Personen

1 Portion klassischer Mürbeteig
250 g durchwachsener Räucherspeck
10 festkochende Kartoffeln
2 Zwiebeln
Salz & Pfeffer
300 g Sahne, 3 Eier
2 EL fein geschnittene Petersilie
100 g geriebener Greyerzer

Sophies Tipp Mischen Sie vor dem Backen noch 100 g Raclettekäse unter die Speckmischung.

Selleriesalat

Die Sellerieknollen schälen und in 2 cm große Stifte schneiden. Die Stifte mit der Butter in eine Pfanne geben und zugedeckt bei geringer Hitze etwa 10 Min. dünsten. Dabei immer wieder umrühren. Zum Schluss mit Salz und Pfeffer würzen.
Die Zwiebel in dünne Ringe schneiden. Essig, Öl, Johannisbeergelee, den gehackten Rosmarin, Salz und Pfeffer verrühren. Die Haselnüsse 2 Min. bei mittlerer Hitze in einer beschichteten Pfanne rösten. Sämtliche Zutaten in einer Salatschüssel vermengen und gegebenenfalls noch einmal abschmecken.

Sofort servieren.

Für 6 Personen

2 Sellerieknollen
20 g Butter
Salz
Pfeffer
1 rote Zwiebel
2 EL Weißweinessig
4 EL Rapsöl
1 EL Johannisbeergelee
1 Rosmarinzweig
20 g Haselnüsse

Geflügeltarte

Für 6 Personen

1 Portion klassischer oder knuspriger Mürbeteig
2 EL Olivenöl
400 g Hähnchenbrustfilet oder gebratene Hähnchenreste
50 g entsteinte grüne oder schwarze Oliven
2 Estragonzweige
200 g Mozzarella
Salz
Pfeffer
4 Eier
400 g Sahne

Den Backofen auf 180 °C (160 °C Umluft) vorheizen.
Eine Tarteform (28 cm Durchmesser) mit dem Teig auskleiden und die Form in den Kühlschrank stellen.
Das Öl in einer Pfanne erhitzen und die klein geschnittenen Hähnchenbrustfilets etwa 3 Min. bei starker Hitze goldbraun darin anbraten. Die Oliven, den gehackten Estragon und den in kleine Würfel geschnittenen Mozzarella hinzufügen. Mit Salz und Pfeffer abschmecken und umrühren. Die Pfanne vom Herd nehmen und die Eier und die Sahne unterrühren. Die Zutaten nochmals gut miteinander verrühren, die Mischung auf dem Tarteboden verteilen und die Tarte 40 Min. backen.

Die Geflügeltarte schmeckt warm oder kalt.

Sophies Tipp

Sie können den Mozzarella auch durch 200 g gegarten Brokkoli ersetzen.

Rucolasalat

Für 6 Personen

250 g Rucola
1 EL Cidre-Essig
3 EL Walnussöl
50 g entsteinte grüne Oliven
4 Schnittlauchstengel
Salz
Pfeffer

Den Rucola waschen und trockenschleudern.
Essig und Öl in einer Salatschüssel verrühren.
Die in dünne Scheiben geschnittenen Oliven und den fein gehackten Schnittlauch hinzufügen und mit Salz und Pfeffer würzen.
Den Rucola dazugeben und den Salat durchmischen.

Sofort servieren. Reichern Sie den Salat noch mit Portulak oder jungem Spinat an.

Luftige Blumenkohltarte

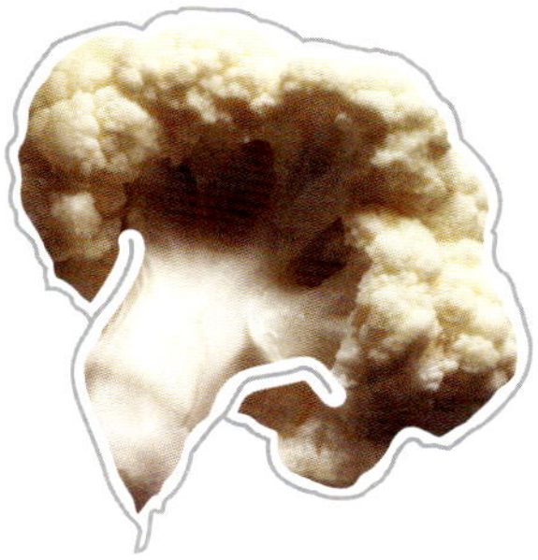

Für 6 Personen

1 Portion klassischer Mürbeteig
1 frischer Blumenkohl oder 500 g tiefgefrorene Blumenkohlröschen
Salz & Pfeffer
30 g Butter
30 g Mehl
250 ml Vollmilch
2 Msp. Muskat
4 Eier
150 g geriebener Greyerzer

Den Backofen auf 180 °C (160 °C Umluft) vorheizen. Eine Tarteform (28 cm Durchmesser) mit dem Teig auskleiden und die Form in den Kühlschrank stellen.
Den Blumenkohl in Röschen zerteilen und die dicken Stiele entfernen. Die Röschen waschen, 20 Min. in Salzwasser kochen und anschließend abtropfen lassen.
Während der Blumenkohl kocht, eine Béchamelsauce zubereiten. Dazu die Butter in einer Kasserolle zerlassen. Das Mehl hinzufügen und 1 Min. rühren. Die Milch einrühren und die Sauce bei geringer Hitze köcheln lassen, bis sie eindickt. Mit Salz, Pfeffer und Muskat abschmecken.
Die Eier trennen. Die Blumenkohlröschen in einer Schüssel mit einer Gabel zerdrücken. Die Eidotter und danach die Béchamelsauce hinzufügen und mit Salz und Pfeffer würzen.
Die Eiweiße steif schlagen und vorsichtig unter die Blumenkohlmasse heben. Die Masse auf dem Teig verteilen, die Tarte mit dem geriebenen Greyerzer bestreuen und 40 Min. backen.

Die Blumenkohltarte schmeckt am besten warm.

Sophies Tipp

Sie können den Blumenkohl auch durch Brokkoli ersetzen oder die Tarte noch mit 150 g Kochschinken anreichern.

Salat mit Schweinshaxe

Den Kopfsalat putzen, waschen und trockenschleudern.
Das Fleisch und den Emmentaler in Würfel schneiden.
Die Tomaten waschen, vierteln und von Stielansätzen und Kernen befreien.
Essig, Öl, Mayonnaise und Kräuter in einer Salatschüssel verrühren und mit Salz und Pfeffer würzen.
Den Salat, das Fleisch und den Käse hinzufügen und alles miteinander vermischen.

Sofort servieren.

Für 6 Personen

1 Kopfsalat

1 gegarte Schweinshaxe ohne Schwarte

100 g Emmentaler

2 Tomaten

1 EL Weinessig

3 EL Sonnenblumenöl

1 EL Mayonnaise

2 EL gehackte Kräuter (Petersilie, Schnittlauch …)

Salz & Pfeffer

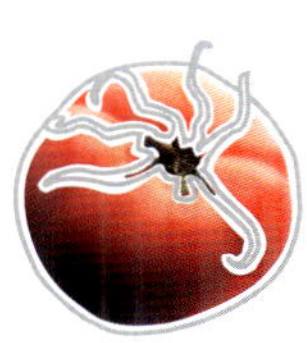
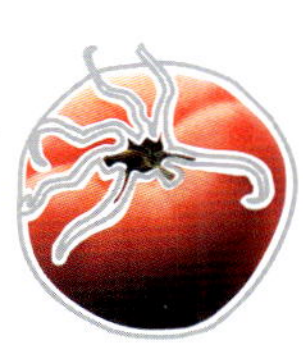

Feine Tarte mit Kartoffeln und Jakobsmuscheln

Für 6 Personen

1 Portion backfertiger Blätterteig
500 g mehlig kochende Kartoffeln
grobes Meersalz (Fleur de sel)
100 ml Vollmilch
200 g gesalzene Butter
frisch gemahlener Pfeffer
20 Jakobsmuschelnüsschen
1 EL Haselnussöl

Den Backofen auf 180 °C (160 °C Umluft) vorheizen. Den Teig samt Backpapier in die Tarteform geben, mit Backpapier abdecken, mit getrockneten Hülsenfrüchten beschweren und 15 Min. blindbacken.
Die Kartoffeln schälen und 30 Min. in Salzwasser kochen.
Die Milch in einer Kasserolle einmal aufkochen lassen. Die Kartoffeln abgießen und anschließend pürieren. Die Flotte Lotte dabei direkt über die Kasserolle mit der heißen Milch halten. Das Ganze mit dem Schneebesen verrühren. Die Butter in Stücken untermengen, das Püree mit Salz und Pfeffer abschmecken und auf dem Tarteboden verstreichen.
Die Jakobsmuscheln in dünne Scheibchen schneiden und auf dem Püree verteilen. Sie sollten sich dabei etwas überlappen. Mit dem Öl beträufeln und mit Salz und Pfeffer würzen. Die Tarte anschließend 2 Min. unter den Backofengrill schieben.

Die Kartoffeltarte schmeckt am besten frisch aus dem Ofen.

Sophies Tipp

Sie können die Jakobsmuscheln auch durch ganze Kammmuscheln ersetzen und die Tarte – als Nonplusultra – statt mit Haselnussöl mit Trüffelöl beträufeln.

Feldsalat mit Spargel und Bacon

Den Feldsalat waschen, trockenschleudern und in eine Salatschüssel geben.
Den Spargel mit dem Sparschäler schälen. Die Stangen halbieren und nur die Spitzen aufheben.
Die Spargelspitzen in eine Kasserolle mit kochendem Wasser geben und 5 Min. bei geringer Hitze köcheln lassen. Anschließend abgießen und mit kaltem Wasser abschrecken.
Den Bacon ohne Zugabe von Fett etwa 5 Min. in einer beschichteten Pfanne kräftig anbraten, anschließend auf Küchenpapier abtropfen lassen und mit einer Schere in dünne Streifen schneiden.
Essig und Öl in einer kleinen Schüssel verrühren und mit Salz und Pfeffer würzen. Den Spargel und den Frühstücksspeck in eine Salatschüssel geben.
Die Vinaigrette darübergießen und den Salat durchmischen.

Sofort servieren.

Für 6 Personen

300 g Feldsalat
800 g grüner Spargel
200 g Bacon
1 EL Balsamico-Essig
*4 EL Olivenöl mit Limone**
Salz
Pfeffer

Gorgonzolatarte mit Parmaschinken

Für 6 Personen

1 Portion klassischer Mürbeteig
300 g Gorgonzola
200 g Parmaschinken
4 Eier
400 g Sahne
Pfeffer

Den Backofen auf 180 °C (160 °C Umluft) vorheizen. Eine Tarteform (28 cm Durchmesser) mit dem Teig auskleiden und die Form in den Kühlschrank stellen. Den Gorgonzola in Stücke und den Parmaschinken in dünne Streifen schneiden.
Die Eier in einer Schüssel kräftig mit der Sahne verquirlen und mit Pfeffer würzen. Den Gorgonzola auf dem Teigboden verteilen, mit dem Parmaschinken bestreuen, mit der Eiersahne begießen und die Tarte 40 Min. backen.

Die Gorgonzolatarte schmeckt am besten warm.

Sophies Tipp

Sie können den Parmaschinken auch durch Serranoschinken ersetzen.

Chicoréesalat

Für 6 Personen

6 Chicoréestauden
1 TL scharfer Senf
*250 g Crème double**
2 Msp. Paprikapulver
Saft einer 1/2 Zitrone
Salz
Pfeffer
50 g Cashewkerne

Welke äußere Blätter der Chicoréestauden entfernen. Die harten, bitteren Strünke herausschneiden und die Blätter in mundgerechte Stücke zerteilen.
Den Senf in einer Salatschüssel mit Crème double* und Paprika vermengen, den Zitronensaft einrühren und die Sauce mit Salz und Pfeffer abschmecken. Die zerstoßenen Cashewkerne untermischen, die Sauce über den Chicorée gießen und den Salat durchmischen.

Sofort servieren.

Tarte mit Krebsfleisch

Den Backofen auf 180 °C (160 °C Umluft) vorheizen. Eine Tarteform (28 cm Durchmesser) mit dem Teig auskleiden und die Form in den Kühlschrank stellen.
Die Eier kräftig mit der Sahne verquirlen. Das abgetropfte, klein geschnittene Krebsfleisch und die Kräuter hinzufügen und mit Salz und Pfeffer würzen. Die Mischung auf dem Tarteboden verteilen und die Tarte 40 Min. backen.

Die Tarte schmeckt warm oder kalt.

Für 6 Personen

1 Portion klassischer Mürbeteig
4 Eier
400 g Sahne
400 g Krebsfleisch aus der Dose
3 EL gehackte Kräuter (Schnittlauch, Estragon, Petersilie …)
Salz & Pfeffer

Sophies Tipp Das Krebsfleisch durch Seelachs aus der Dose ersetzen.

Friséesalat mit Orangen

Den Friséesalat putzen, waschen und trockenschleudern. Die Gurke schälen und in dünne Scheiben schneiden. Die Orangen dick abschälen, filetieren und die Spalten anschließend halbieren. Dabei den austretenden Saft auffangen. Die Avocado schälen. Das Fruchtfleisch in Scheiben schneiden und mit Zitronensaft beträufeln, damit es sich nicht verfärbt.
Die Mayonnaise in einer Salatschüssel mit Essig, Orangensaft, Zucker und Estragon verrühren und mit Salz und Pfeffer würzen. Den Friséesalat, die halbierten Kirschtomaten, Avocado, Gurke, Orangen und Oliven hinzufügen. Den Salat durchmischen und gegebenenfalls noch einmal abschmecken.

Sofort servieren.

Für 6 Personen

1 Friséesalat
1/2 Salatgurke
4 Orangen
1 Avocado
Saft einer 1/2 Zitrone
1 EL Mayonnaise
1 EL Cidre-Essig
2 Prisen Zucker
1 TL fein geschnittener Estragon
Salz & Pfeffer
20 Kirschtomaten
50 g schwarze Oliven

Tarte mit Montbéliard-Wurst

Für 6 Personen

1 Portion klassischer Mürbeteig
*3 Montbéliard-Würste**
2 große Zwiebeln oder 200 g gehackte tiefgefrorene Zwiebeln
2 EL Sonnenblumenöl
300 g gekochte grüne Linsen (vorzugsweise Puy-Linsen)
Salz & Pfeffer
4 Eier
400 g Sahne
2 EL gehackte Petersilie

Den Backofen auf 180 °C (160 °C Umluft) vorheizen. Eine Tarteform (28 cm Durchmesser) mit dem Teig auskleiden und die Form in den Kühlschrank stellen.
Die Würste 10 Min. in kochendem Wasser garen, anschließend pellen und klein schneiden.
Die Zwiebeln 5 Min. goldgelb im Öl anbraten. Die abgetropften Linsen hinzufügen und mit Salz und Pfeffer würzen. Das Ganze etwa 15 Min. bei mittlerer Hitze kochen lassen, bis die Flüssigkeit vollständig verdampft ist. Anschließend abkühlen lassen.
Die Eier in einer Schüssel kräftig mit der Sahne, der Petersilie, Salz und Pfeffer verquirlen.
Die Wurst auf dem Tarteboden verteilen, die Linsen daraufgeben, mit der Eiersahne begießen und die Tarte 40 Min. backen.

Die Tarte schmeckt am besten warm.

Sophies Tipp

Sie können die Montbéliard-Würste* auch durch Morteau-Wurst* oder Pökelfleisch ersetzen.

Karottensalat

Für 6 Personen

1 kg Karotten
*150 g Crème double**
1 Becher Joghurt
Saft einer Zitrone
2 EL Schnittlauchröllchen
1 TL gemahlener Ingwer
Salz & Pfeffer

Die Karotten schälen, in Stifte schneiden und etwa 15 Min. dünsten. Anschließend abkühlen lassen.
Die Crème double* in einer Salatschüssel mit Joghurt, Zitronensaft und Schnittlauch verrühren.
Die Karotten und den Ingwer hinzufügen, mit Salz und Pfeffer würzen und den Salat durchmischen.

Den Karottensalat vor dem Servieren 1 Stunde im Kühlschrank durchziehen lassen.

Sauerkrauttarte

Den Backofen auf 180 °C (160 °C Umluft) vorheizen. Eine Tarteform (28 cm Durchmesser) mit dem Teig auskleiden und die Form in den Kühlschrank stellen. Die Eier kräftig mit der Sahne, Salz und Pfeffer verquirlen. Den in Streifen geschnittenen Speck ohne Zugabe von Fett etwa 5 Min. in einer beschichteten Pfanne kräftig anbraten und auf Küchenpapier abtropfen lassen. Den Comté* incl. der Rinde mit einem Sparschäler in feine Späne hobeln. Das Sauerkraut auf dem Tarteboden verteilen, die Speckstreifen daraufgeben und die Eiersahne darübergießen. Die Tarte mit dem Comté* bestreuen und 40 Min. backen.

Die Sauerkrauttarte schmeckt am besten warm.

Für 6 Personen

1 Portion klassischer Mürbeteig
4 Eier
400 g Sahne
Salz & Pfeffer
150 g Räucherspeck
*150 g Comté**
250 g gekochtes Sauerkraut

Sophies Tipp: Den Räucherspeck durch Frankfurter Würstchen ersetzen.

Kartoffelsalat mit Weißwein

Die ungeschälten Kartoffeln etwa 25 Min. in Salzwasser kochen.
In der Zwischenzeit die Schalotten hacken und die Vinaigrette zubereiten. Dazu die Mayonnaise in einer kleinen Schüssel mit Kräutern, Essig und Öl verrühren und mit Salz und Pfeffer abschmecken. Die noch heißen Kartoffeln pellen, direkt über einer Salatschüssel in Scheiben schneiden und sofort mit dem Weißwein begießen.
Die Schalotten und die Vinaigrette hinzufügen, den Salat durchmischen und gegebenenfalls noch einmal abschmecken.

Sofort servieren.

Für 6 Personen

1 kg festkochende oder neue Kartoffeln
Salz & Pfeffer
2 Schalotten
2 EL Mayonnaise
2 EL gehackte Kräuter (Petersilie, Kerbel, Schnittlauch …)
1 EL Weinessig
3 EL Sonnenblumenöl
50 ml Weißwein

Minitartelettes mit Roquefort und Banane

Den Backofen auf 180 °C (160 °C Umluft) vorheizen. Mit einer Ausstechform oder einer kleinen Schüssel dreißig Kreise à 6 cm Durchmesser aus dem Teig ausstechen und dreißig kleine Tarteletteförmchen (4,5 cm Durchmesser) damit auskleiden. Die Böden und die Ränder mit einer Gabel einstechen.
Die Bananen schälen und in insgesamt dreißig Scheiben schneiden. Den Roquefort auf die Tarteletteförmchen verteilen. Die Crème double* daraufgeben, jeweils eine Bananenscheibe daraufsetzen und die Tartelettes 15 Min. backen.

Die Roquefort-Bananen-Tartelettes schmecken am besten warm.

Für 6 Personen

1 Portion backfertiger Blätterteig
2 Bananen
100 g Roquefort
*40 g Crème double**

Sophies Tipp

Sie können die Bananen auch durch 2 Birnen und den Roquefort durch Ziegenkäse ersetzen.

Feldsalat mit Walnüssen

Den Feldsalat waschen und trockenschleudern. Die Schalotte fein hacken. Die Walnusskerne zerstoßen.
Die Schalotte mit Senf, Zitronensaft und Öl in eine Salatschüssel geben. Den zerkleinerten Roquefort, die zerstoßenen Walnusskerne und den Cognac hinzufügen, mit Salz und Pfeffer würzen und alles miteinander verrühren. Zum Schluss den Feldsalat unterheben.

Sofort servieren.

Für 6 Personen

300 g Feldsalat
1 Schalotte
50 g Walnusskerne
1 TL Senf
Saft einer 1/2 Zitrone
4 EL Walnussöl
50 g Roquefort
1 TL Cognac
Salz & Pfeffer

Tarte Bolognaise

Den Backofen auf 180 °C (160 °C Umluft) vorheizen. Eine Tarteform (28 cm Durchmesser) mit dem Teig auskleiden und die Form in den Kühlschrank stellen.
Öl und Butter in eine Pfanne geben und die gehackten Zwiebeln 5 Min. bei mittlerer Hitze goldgelb darin anbräunen. Das Hackfleisch hinzufügen und kräftig untermengen. Tomatensauce und Kräuter hinzufügen, mit Salz und Pfeffer würzen und nochmals gut umrühren. Das Ganze etwa 20 Min. bei mittlerer Hitze kochen lassen, bis die Flüssigkeit vollständig verdampft ist. Anschließend abkühlen lassen. Die Eier kräftig mit der Sahne, Salz und Pfeffer verquirlen. Das Hackfleisch hinzufügen und umrühren. Die Masse auf dem Tarteboden verteilen, die Tarte mit dem Käse bestreuen und 40 Min. backen.

Die Tarte Bolognaise schmeckt warm oder kalt.

Für 6 Personen

1 Portion klassischer Mürbeteig
5 EL Olivenöl
40 g Butter
2 große Zwiebeln oder 200 g gehackte tiefgefrorene Zwiebeln
500 g Hackfleisch vom Rind
425 g Tomatensauce mit Kräutern der Provence
2 EL gehackte Kräuter (Petersilie, Koriander, Basilikum ...)
Salz & Pfeffer
4 Eier
400 g Sahne
150 g geriebener Greyerzer

Sophies Tipp Sie können das Rinderhackfleisch auch durch gehacktes Kalb- oder Lammfleisch ersetzen.

Karotten-Rote-Bete-Salat

Die Karotten und die Rote Bete schälen und reiben.
Das Mandelpüree in einer Salatschüssel mit 1 Esslöffel warmem Wasser sorgfältig verrühren. Zitronensaft, Öl und die gehackte Schalotte hinzufügen und mit Salz und Pfeffer würzen. Die Karotten und die Rote Bete untermischen und gegebenenfalls noch einmal abschmecken.

Sofort servieren.

Für 6 Personen

6 große Karotten
2 rohe Rote-Bete-Knollen
1 EL Mandelpüree (in Bioläden erhältlich)
Saft einer Zitrone
4 EL Olivenöl
1 Schalotte
Salz & Pfeffer

Marokkanische Tartelettes

Für 6 Personen

1 Portion klassischer Mürbeteig

80 ml Sonnenblumenöl

600 g Lammschulter ohne Knochen

2 große Zwiebeln oder 200 g gehackte tiefgefrorene Zwiebel

250 g Backpflaumen

50 g ganze geschälte Mandeln

50 g Sultaninen

1 EL Koriander

1 EL 5-Gewürze-Pulver

Salz

Pfeffer

einige Stengel Koriandergrün zum Garnieren

Den Backofen auf 180 °C (160 °C Umluft) vorheizen. Mit einer Ausstechform oder einer kleinen Schüssel sechs Kreise à 12 cm Durchmesser aus dem Teig ausstechen und sechs Tartletteformen (10 cm Durchmesser) damit auskleiden. Die Böden und die Ränder mit einer Gabel einstechen und den Teig 15 Min. blindbacken. Das Öl in einem Schmortopf erhitzen und das klein geschnittene Fleisch mit den gehackten Zwiebeln bei starker Hitze 5 Min. darin anbraten. Backpflaumen, Mandeln, Sultaninen, Koriander und die Gewürze hinzufügen und 200 ml Wasser angießen. Den Deckel auflegen und das Ganze 45 Min. bei geringer Hitze kochen lassen. Das Fleisch mit einem Schaumlöffel herausheben. Die Sauce noch etwas einkochen lassen. Das Fleisch wieder in den Topf geben und umrühren.
Die Tartletteböden nochmals 1 Min. bei 180 °C (160 °C Umluft) im Backofen erhitzen, auf Tellern anrichten, das Fleisch und die Sauce darauf verteilen und die Tartelettes mit dem Koriandergrün garnieren.

Die Marokkanischen Tartelettes schmecken am besten frisch aus dem Ofen.

Sophies Tipp

Sie können Backpflaumen, Mandeln und Sultaninen durch 1 eingelegte Zitrone* und 100 g grüne Oliven ersetzen.

Zucchinisalat mit Silberzwiebeln

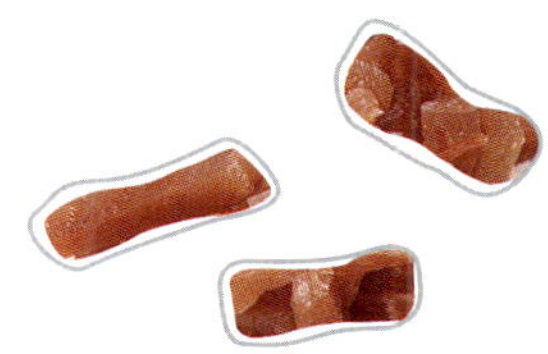

Die Silberzwiebeln putzen.
Die Zucchini waschen, Enden abschneiden und Zucchini in eine Salatschüssel reiben.
1 Esslöffel Öl in einer Pfanne erhitzen. Den in streichholzgroße Streifen geschnittenen Speck und die ganzen Silberzwiebeln etwa 10 Min. bei geringer Hitze darin braten und anschließend mit einem Schaumlöffel herausheben. Den Bratfond mit 1 Esslöffel Essig ablöschen und über die Zucchini gießen, gebratenen Speck und Silberzwiebeln dazugeben.
In einer kleinen Schüssel 1 Esslöffel Essig, 3 Esslöffel Öl, die Sojasauce und die Kräuter verrühren und mit Salz und Pfeffer abschmecken. Die Sauce über den Salat gießen, gut durchmischen und gegebenenfalls noch einmal abschmecken.

Sofort servieren.

Für 6 Personen

10 frische Silberzwiebeln
4 Zucchini
4 EL Olivenöl
100 g durchwachsener Speck (geräuchert oder naturbelassen)
2 EL Weinessig
1 EL Sojasauce
1 EL gehackte Kräuter (Kerbel, Schnittlauch, Petersilie ...)
Salz
Pfeffer

Weisse Käsetarte

Den Backofen auf 180 °C (160 °C Umluft) vorheizen. Eine Tarteform (28 cm Durchmesser) mit dem Teig auskleiden und die Form in den Kühlschrank stellen.
Den Käse klein schneiden und auf dem Tarteboden verteilen.
Die Eier in einer Schüssel kräftig mit der Sahne, dem Oregano, Salz und Pfeffer verquirlen. Die Eiersahne über den Käse gießen und die Tarte 40 Min. backen.

Die Käsetarte schmeckt am besten warm.

Für 6 Personen

1 Portion klassischer Mürbeteig
100 g Mozzarella
*100 g Provolone**
100 g Ricotta
100 g Feta
4 Eier
400 g Sahne
1 TL getrockneter Oregano
Salz & Pfeffer

Sophies Tipp

Für die Käsefüllung können Sie auch andere Käsesorten wie Fourme d'Ambert*, Cantal*, Morbier* oder Tomme* verwenden.

Tomatensalat

Die Tomaten von den Stielansätzen befreien, vierteln oder achteln und entkernen. Das Basilikum und die Silberzwiebeln sehr fein schneiden.
Den Essig in einer Salatschüssel mit dem Olivenöl, Salz und Pfeffer verrühren. Die Tomaten, das Basilikum und die Silberzwiebeln unterheben und gegebenenfalls noch einmal abschmecken.

Sofort servieren.

Für 6 Personen

10 Tomaten (Strauchtomaten, Eiertomaten oder grüne Tomaten)
10 Basilikumblätter
3 frische Silberzwiebeln
1 EL Balsamico-Essig
4 EL Olivenöl mit Basilikum
Salz
Pfeffer

Rillettetarte

Für 6 Personen

1 Portion klassischer Mürbeteig
*800 g Rillette**
2 große Zwiebeln oder 200 g gehackte tiefgefrorene Zwiebeln
1 EL Olivenöl
1 EL Mehl
2 EL gehackte Petersilie
4 Eier
400 g Sahne
Salz & Pfeffer
150 g geriebener Greyerzer

Den Backofen auf 180 °C (160 °C Umluft) vorheizen. Eine Tarteform (28 cm Durchmesser) mit dem Teig auskleiden und die Form in den Kühlschrank stellen.
Das Rillette* mit seinem Schmalz etwa 5 Min. bei mittlerer Hitze in einer beschichteten Pfanne anbraten, bis es vollständig zerfallen ist.
In der Zwischenzeit die Zwiebeln 5 Min. bei mittlerer Hitze im Öl goldgelb anbraten.
Das Rillette* mit einem Kochlöffel durch ein feines Sieb streichen. Die Zwiebeln untermengen und das Ganze 5 Min. bei mittlerer Hitze braten, bis die Flüssigkeit vollständig verdampft ist. Dabei gelegentlich umrühren. Anschließend das Mehl und die Petersilie unterrühren.
Die Eier in einer Schüssel kräftig mit der Sahne, Salz und Pfeffer verquirlen und das Rillette* unterheben. Die Masse auf dem Tarteboden verteilen, die Tarte mit dem geriebenen Greyerzer bestreuen und 40 Min. backen.

Die Rillettetarte schmeckt warm oder kalt.

Sophies Tipp

Probieren Sie statt des klassischen Rillettes* aus Schweinefleisch einmal ein Enten- oder Gänserillette.

Bataviasalat mit Parmesan

Die Salate putzen, waschen und trockenschleudern.
Den Parmesan mit einem Sparschäler in Späne hobeln.
Die Eier 8 Min. kochen, in kaltem Wasser abschrecken und pellen.
Den Senf in einer kleinen Schüssel mit dem Essig verrühren. Öl, Kapern und die in Scheiben geschnittenen Cornichons hinzufügen und mit Salz und Pfeffer würzen.
In einer Salatschüssel den Salat, die geviertelten hart gekochten Eier, den Parmesan und die Petersilie miteinander vermengen. Den Salat mit der Sauce begießen, nochmals durchmischen und gegebenenfalls noch einmal abschmecken.

Sofort servieren.

Für 6 Personen

2 Bataviasalate
150 g Parmesan
4 Eier
1 TL Senf
2 EL Cidre-Essig
6 EL Olivenöl
1 EL Kapern
10 kleine Cornichons
Salz
Pfeffer
1 EL gehackte Petersilie

Pissaladière

Den Backofen auf 210 °C (190 °C Umluft) vorheizen.
In einer Pfanne die fein gehackten Zwiebeln und den geschälten Knoblauch 30 Min. bei geringer Hitze im Olivenöl andünsten. Mit Zucker, Salz und Pfeffer abschmecken und abkühlen lassen. Die Sardellen in einem Sieb abtropfen lassen. Die Kapern abspülen, trockentupfen und hacken.
Den Teig auf dem Backblech ausrollen und mit einer Gabel einstechen. Kapern und Zwiebeln vermischen und auf dem Teig verteilen. Die Sardellen und die Oliven darübergeben, mit Pfeffer würzen und die Zwiebelpizza 30 Min. backen.

Für 6 Personen

1 Portion backfertiger Pizzateig
8 Zwiebeln
3 Knoblauchzehen
4 EL Olivenöl
1 TL Zucker
Salz & Pfeffer
1 kleine Dose Sardellen
1 EL Kapern
100 g schwarze Oliven

Sophies Tipp

Die Pissaladière ist eine Spezialität aus Nizza. Ihren Namen verdankt sie dem ›pissalat‹, einer Würzpaste aus Sardellen, Nelken, Thymian, Lorbeer und Olivenöl, mit der Zwiebeln überzogen wurden.

Feldsalat mit Sardellen

Den Feldsalat waschen und trockenschleudern. Die Sardellen abtropfen lassen. Den Parmesan mit einem Sparschäler in dünne Streifen hobeln. Die Eier mit einer Gabel zerdrücken. Das Brot mit der geschälten Knoblauchzehe einreiben und in Würfel schneiden. In einer Pfanne die Brotwürfel 5 Min. bei geringer Hitze unter laufendem Wenden in 1 Esslöffel Öl anrösten. Den Essig in einer kleinen Schüssel mit 4 Esslöffeln Öl, Salz und Pfeffer verrühren. Sämtliche Zutaten in einer Salatschüssel vermengen.

Sofort servieren.

Für 6 Personen

300 g Feldsalat
10 in Öl eingelegte Sardellenfilets
100 g Parmesan
2 hartgekochte Eier
1/4 Baguette
1 Knoblauchzehe
5 EL Olivenöl
1 EL Weinessig
Salz & Pfeffer

Zwiebeltarte

Für 6 Personen

1 Portion klassischer oder knuspriger Mürbeteig
8 große Zwiebeln oder 1 kg gehackte tiefgefrorene Zwiebeln
2 EL Sonnenblumenöl
Salz
Pfeffer
2 EL Mehl
3 Eier
*3 EL Crème double**
100 g geriebener Greyerzer

Den Backofen auf 180 °C (160 °C Umluft) vorheizen. Eine Tarteform (28 cm Durchmesser) mit dem Teig auskleiden und die Form in den Kühlschrank stellen.
Die Zwiebeln fein hacken und 10 Min. bei geringer Hitze im Öl anbraten. Mit Salz und Pfeffer würzen, das Mehl darüberstäuben und umrühren.
Die Eier kräftig mit der Crème double* verquirlen. Die Zwiebeln vom Herd nehmen, die Eimischung unterheben und nochmals abschmecken. Die Masse auf dem Tarteboden verteilen, die Tarte mit dem Greyerzer bestreuen und 35 Min. backen.

Die Zwiebeltarte schmeckt warm oder kalt.

Sophies Tipp

Damit Sie beim Zwiebelschneiden nicht weinen müssen, könnten Sie eine Taucherbrille aufsetzen. Es tut aber auch ein Streichholz, das man – mit dem Zündkopf nach außen – zwischen die Lippen steckt.

Kressesalat mit Speck

Für 6 Personen

100 g durchwachsener Speck
250 g Gartenkresse
50 g Parmesan
1 Schalotte
1 EL Weinessig
3 EL Olivenöl
2 EL gehackte Kräuter (Petersilie, Schnittlauch, Kerbel …)
Salz
Pfeffer

Den Speck in Streifen schneiden, ohne Zugabe von Fett etwa 5 Min. in einer beschichteten Pfanne kräftig anbraten und anschließend auf Küchenpapier abtropfen lassen.
Die Kresse waschen und trockentupfen. Den Parmesan mit einem Sparschäler in dünne Streifen hobeln.
Die fein gehackte Schalotte in einer Salatschüssel mit Essig, Öl, Kräutern, Salz und Pfeffer verrühren. Die Kresse, den Parmesan und den Speck hinzufügen und den Salat durchmischen.

Sofort servieren.

Munstertarte

Für 6 Personen

1 Portion klassischer Mürbeteig
*300 g Munster**
150 g durchwachsener Speck
4 Eier
400 g Sahne
Pfeffer
2 Msp. Kreuzkümmel

Den Backofen auf 180 °C (160 °C Umluft) vorheizen. Eine Tarteform (28 cm Durchmesser) mit dem Teig auskleiden, den klein geschnittenen Munster* darauf verteilen und die Form in den Kühlschrank stellen.
Den Speck in streichholzgroße Streifen schneiden und bei starker Hitze in einer beschichteten Pfanne 5 Min. kräftig anbraten. Anschließend auf Küchenpapier abtropfen lassen.
Die Eier in einer Schüssel kräftig mit der Sahne verquirlen und mit Pfeffer würzen. Den Kümmel und die Speckstreifen dazugeben, die Mischung auf dem Käse verteilen und die Tarte 40 Min. backen.

Die Munstertarte schmeckt am besten warm.

Sophies Tipp

Den Munster* durch Maroilles* und die Speckstreifen durch Chorizo ersetzen.

Wurstsalat

Für 6 Personen

800 g festkochende Kartoffeln
2 Brühwürste
Salz & Pfeffer
1 TL scharfer Senf
1 EL Weißweinessig
3 EL Sonnenblumenöl
4 Schalotten
2 EL gehackte Petersilie

Die ungeschälten Kartoffeln 20 Min. in Salzwasser kochen, pellen und in Scheiben schneiden. Die Wursthaut abziehen und die Würste in dünne Scheiben schneiden.
Den Senf in einer Salatschüssel mit Essig und Öl verrühren. Die Kartoffeln, die Wurstscheiben, die gehackten Schalotten und die Petersilie hinzufügen, mit Salz und Pfeffer würzen und den Salat durchmischen.

Sofort servieren.

Chicoréetarte

Den Backofen auf 180 °C (160 °C Umluft) vorheizen. Eine Tarteform (28 cm Durchmesser) mit dem Teig auskleiden und die Form in den Kühlschrank stellen.
Welke äußere Blätter von den Chicoréestauden entfernen, den harten, bitteren Strunk herausschneiden und die Blätter zerkleinern. Die Butter in einer Pfanne erhitzen und den Bacon hineingeben. Chicorée, Zucker und Muskat hinzufügen, mit Salz und Pfeffer würzen und umrühren. Das Ganze bei mittlerer Hitze etwa 15 Min. unter Rühren braten, bis die Flüssigkeit vollständig verdampft ist. Die Eier kräftig mit der Sahne, Salz und Pfeffer verquirlen und unter die Chicorée-Speck-Mischung rühren. Die Masse auf dem Tarteboden verteilen, den klein geschnittenen Brie daraufgeben und die Tarte 40 Min. backen.

Die Chicoréetarte schmeckt am besten warm.

Für 6 Personen

1 Portion klassischer Mürbeteig
6 Chicoréestauden
50 g Butter
100 g Bacon
1 EL Zucker
2 Msp. Muskat
Salz & Pfeffer
4 Eier
400 g Sahne
200 g Brie

Sophies Tipp

Sie können den Chicorée auch durch 300 g Lauch ersetzen, dabei aber nur die weißen Teile verwenden.

Junger Salat mit Blüten

Für 6 Personen

4 EL Olivenöl
1 EL Himbeeressig
Salz & Pfeffer
300 g junges Blattgemüse (Feldsalat, Kerbel, Löwenzahn, Portulak …)
15 gemischte essbare Blüten (Stiefmütterchen, Kapuzinerkresse, Ringelblume)

Das Olivenöl in einer Salatschüssel mit dem Himbeeressig, Salz und Pfeffer verrühren. Das junge Blattgemüse und die Blüten hinzufügen und sehr vorsichtig unterheben.

Sofort servieren.

Feine Tarte mit Steinpilzen, Coppa und Parmesan

Den Backofen auf 180 °C (160 °C Umluft) vorheizen. Den Teig samt Backpapier in die Tarteform geben (28 cm Durchmesser), mit Backpapier abdecken, mit getrockneten Hülsenfrüchten beschweren und 15 Min. blindbacken.
Die erdigen Stielenden der Steinpilze entfernen, die Pilze mit einem feuchten Tuch säubern, trockenreiben und klein schneiden. Mit der gehackten Schalotte 5 Min. bei starker Hitze in der Butter anbraten und anschließend mit Salz und Pfeffer würzen.
Die Wurstscheiben halbieren. Den Parmesan mit einem Sparschäler in Streifen hobeln. Den Tarteboden aus dem Backofen nehmen. Steinpilze, Coppa* und Parmesan darauf verteilen, die Pinienkerne darüberstreuen und die Tarte nochmals für etwa 2 Min. in den Backofen schieben.

Die Steinpilztarte schmeckt am besten warm.

Für 6 Personen

1 Portion backfertiger Blätterteig
450 g frische Steinpilze
1 Schalotte
40 g Butter
Salz & Pfeffer
*24 dünne Scheiben Coppa**
100 g frischer Parmesan
40 g Pinienkerne

Sophies Tipp

Die Steinpilze durch Pfifferlinge und Coppa* durch Pancetta* ersetzen.

Spinatsalat mit Mandelvinaigrette

Für 6 Personen

300 g junger Spinat
1 EL Sherryessig
3 EL Oliven- oder Walnussöl
1 EL gemahlene Mandeln
2 EL gehackte Kräuter
Salz & Pfeffer

Den Spinat waschen und trockenschleudern. Essig und Öl in einer Salatschüssel verrühren, die gemahlenen Mandeln und die Kräuter hinzufügen und mit Salz und Pfeffer würzen. Den Spinat dazugeben und unterheben.

Sofort servieren.

Tartelettes mit Ratatouille

Für 6 Personen

1 Portion backfertiger Blätterteig
2 Zwiebeln oder 200 g gehackte tiefgefrorene Zwiebeln
500 ml Olivenöl
1 kleine Dose ganze geschälte Tomaten
1 kleines Glas Tomatenpaprika
2 Knoblauchzehen
2 Lorbeerblätter
3 Thymianzweige
1 EL Zucker
Salz
Pfeffer
4 Zucchini
2 Auberginen
6 EL Tomatenmark
6 Stengel Kerbel

Den Backofen auf 180 °C (160 °C Umluft) vorheizen. Aus dem Teig sechs Kreise à 12 cm Durchmesser ausschneiden und sechs Tartelette-förmchen (10 cm Durchmesser) damit auskleiden. Den Teig mit einer Gabel einstechen und 15 Min. blindbacken. In einer Pfanne die gehackten Zwiebeln mit 2 Esslöffeln Öl 5 Min. goldgelb anbraten. Die Tomaten mit dem Saft, die abgetropften und in Streifen geschnittenen Paprika, die zerstoßenen Knoblauchzehen, die Lorbeerblätter, den Thymian und den Zucker hinzufügen. Das Ganze mit Pfeffer abschmecken und etwa 15 Min. bei geringer Hitze zu einem Püree einkochen lassen.
Die Zucchini und die Auberginen waschen, schälen – dabei nur die Hälfte der Schale entfernen – und in grobe Würfel schneiden. 200 ml Öl in einem großen Schmortopf erhitzen und das Gemüse bei mittlerer Hitze 5 Min. goldbraun braten. Das Tomatenmark unter das Tomatenpüree rühren und über die Zucchini und die Auberginen gießen. Mit Salz und Pfeffer würzen. Das restliche Öl hinzufügen und das Ganze mindestens 3 Std. bei geringster Hitze köcheln lassen. Das Ratatouille ist fertig, wenn es die Farbe verändert und dunkel wird. Die Tartelette-böden auf Tellern anrichten, das erkaltete Ratatouille darauf verteilen und mit Kerbel garnieren.

Die Ratatouille-Tartelettes werden kalt serviert.

Kräutersalat

Den Schnittlauch waschen und in Röllchen schneiden. Das Koriandergrün, den Kerbel und die Petersilie ebenfalls waschen und die Blättchen von den Stielen zupfen.
Den Essig in einer Salatschüssel mit Öl, Salz und Pfeffer verrühren.
Die Kräuter dazugeben und unterheben.

Sofort servieren.

Für 6 Personen

1/2 Bund Schnittlauch
1/2 Bund Koriandergrün
1/2 Bund Kerbel
1/2 Bund glatte Petersilie
1 EL Balsamico-Essig
4 EL Olivenöl
Salz
Pfeffer

Ziegenkäsetarte mit Schalotten

Den Backofen auf 180 °C (160 °C Umluft) vorheizen. Den Teig samt Backpapier in die Tarteform (28 cm Durchmesser) geben und die Form anschließend in den Kühlschrank stellen.
Öl und Butter in einer Pfanne erhitzen und die gehackten Schalotten etwa 20 Min. bei geringer Hitze darin zerkochen lassen. Mit Zucker, Salz und Pfeffer abschmecken, umrühren und abkühlen lassen.
Die Schalotten auf dem Tarteboden verteilen, den Ziegenkäse daraufgeben und die Tarte 40 Min. backen.

Die Ziegenkäsetarte schmeckt am besten warm.

Für 6 Personen

1 Portion backfertiger Blätterteig
3 EL Becel Omega 3 Pflanzenöl
100 g Butter
800 g Schalotten
1 1/2 EL Farinzucker
Salz & Pfeffer
300 g Ziegenkäse, in Scheiben

Sophies Tipp Ich bevorzuge die grauen Schalotten aus Westfrankreich.

Salat mit Birnen und Foie gras

Für 6 Personen

2 Birnen
Saft von 1/2 Zitrone
200 g Foie gras (Entenstopfleber, halbgar)
1 TL scharfer Senf
1 EL Balsamico-Essig
4 EL Olivenöl
1 EL Honig
300 g junges Blattgemüse (Feldsalat, Kerbel, Löwenzahn, Portulak …)
2 Stengel Kerbel

Die Birnen schälen und die Kerngehäuse herausschneiden. Das Fruchtfleisch in dünne Scheiben schneiden und mit dem Zitronensaft beträufeln.
Die Leber in dünne Streifen schneiden.
In einer Salatschüssel Senf, Essig, Öl und Honig verrühren.
Das Blattgemüse, die Birnen und die Leber unterheben und mit dem Kerbel garnieren.

Sofort servieren.

Champignontarte

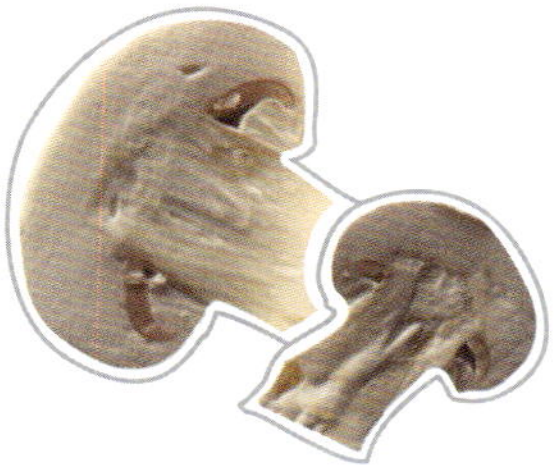

Für 6 Personen

1 Portion backfertiger Blätterteig oder knuspriger Mürbeteig
400 g Champignons
30 g Butter
150 g durchwachsener Speck
4 Eier
400 g Sahne
2 EL gehackte Petersilie
1 Msp. Muskat
Salz
Pfeffer
200 g Mozzarella

Den Backofen auf 180 °C (160 °C Umluft) vorheizen. Den Teig (beim Blätterteig samt Backpapier) in die Tarteform (28 cm Durchmesser) geben, die Form anschließend in den Kühlschrank stellen.
Die Champignons unter fließendem Wasser waschen, die erdigen Stielenden entfernen und die Pilze klein schneiden. Anschließend 10 Min. in einer heißen Pfanne in der Butter andünsten. Den in dünne Streifen geschnittenen Speck hinzufügen und das Ganze weitere 5 Min. braten. Danach in ein Sieb abgießen, damit das Fett abtropfen kann.
Die Eier in einer Schüssel kräftig mit Sahne, Petersilie, Muskat, Salz und Pfeffer verquirlen.
Die Champignons, den Speck und den klein geschnittenen Mozzarella dazugeben. Umrühren, die Mischung auf dem Tarteboden verteilen und die Tarte 40 Min. backen.

Die Champignontarte schmeckt warm oder kalt.

Sophies Tipp

Sie können den Mozzarella auch durch 600 g Prinzessbohnen ersetzen.

Grüne-Bohnen-Salat

Die Bohnen entstielen und waschen, in einen Topf mit kaltem Salzwasser geben, aufkochen lassen und 20 Min. garen. Anschließend in Eiswasser abschrecken und abtropfen lassen.
Während die Bohnen kochen, die Tomaten in einem Sieb 10 Sek. ins kochende Bohnenwasser tauchen und häuten. Die Kerne entfernen und das Fruchtfleisch fein würfeln.
Den Parmesan mit einem Sparschäler in Späne hobeln. Kurz vor dem Servieren die Minze waschen, die Blätter abzupfen und in dünne Streifen schneiden.
In einer Schüssel Senf, Öl, Essig, Salz und Pfeffer verrühren. Dann nacheinander die Bohnen, die Tomaten, den Parmesan und die Minze in die Schüssel geben. Den Salat durchmischen und gegebenenfalls noch einmal abschmecken.

Sofort servieren.

Für 6 Personen

600 g frische Prinzessbohnen
Salz
Pfeffer
3 Tomaten
100 g frischer Parmesan
10 Minzeblätter
1 TL scharfer Senf
4 EL Olivenöl
1 EL Balsamico-Essig

Auberginentarte mit Pinienkernen

Den Backofen auf 180 °C (160 °C Umluft) vorheizen. Eine Tarteform (28 cm Durchmesser) mit dem Teig auskleiden und die Form in den Kühlschrank stellen.
Die Auberginen waschen und mit einem Sparschäler schälen. Dabei nur die Hälfte der Schale entfernen. Das Fruchtfleisch in 2 cm große Würfel schneiden. Das Öl bei mittlerer Hitze in einer Pfanne erhitzen und die Auberginenwürfel unter häufigem Rühren 15 Min. darin anbraten, bis sie weich und goldbraun sind. Pinienkerne und Kümmel hinzufügen, mit Salz und Pfeffer würzen und die Auberginen auf dem Tarteboden verteilen. Die Eier kräftig mit der Sahne, Salz und Pfeffer verquirlen und darübergießen. Die Tarte 40 Min. backen.

Die Tarte schmeckt frisch aus dem Ofen oder kalt.

Für 6 Personen

- *1 Portion klassischer Mürbeteig*
- *4 Auberginen*
- *100 ml Olivenöl mit Kräutern der Provence*
- *50 g Pinienkerne*
- *2 Msp. Kreuzkümmel*
- *Salz & Pfeffer*
- *3 Eier*
- *200 g Sahne*

Sophies Tipp

Sie können die Auberginen auch durch 2 Zucchini und 150 g Ziegenkäse ersetzen.

Friséesalat mit Geflügelleber

Den Friséesalat putzen, waschen und trockenschleudern.
In einer Salatschüssel Senf, Öl, Salz und Pfeffer verrühren und den Salat unterheben.
Die Geflügellebern bei mittlerer Hitze in einer Pfanne in der Butter goldbraun braten und mit Salz und Pfeffer würzen. Den Bratfond mit dem Essig ablöschen und die Petersilie hinzufügen. Umrühren und das Ganze auf dem Salat verteilen.

Sofort servieren.

Für 6 Personen

- *1 Friséesalat*
- *1 TL Kräutersenf*
- *3 EL Traubenkernöl*
- *Salz*
- *Pfeffer*
- *6 Geflügellebern*
- *25 g Butter*
- *1 EL Weinessig*
- *2 EL gehackte Petersilie*

Kabeljautarte

Für 6 Personen

1 Portion klassischer Mürbeteig
200 g geschnittener Sauerampfer
1 TL Zucker
1 EL Olivenöl
400 g Kabeljau
Salz & Pfeffer
4 Eier
400 g Sahne
1 Msp. Muskat

Den Backofen auf 180 °C (160 °C Umluft) vorheizen. Eine Tarteform (28 cm Durchmesser) mit dem Teig auskleiden und die Form in den Kühlschrank stellen.
In einer Pfanne den Sauerampfer mit dem Zucker bei mittlerer Hitze etwa 15 Min. zusammenfallen lassen, bis die Flüssigkeit vollständig verdampft ist.
In einer zweiten Pfanne das Öl erhitzen und den Kabeljau bei mittlerer Hitze etwa 10 Min. darin garen. Den Fisch in der Pfanne zerpflücken, den Sauerampfer dazugeben und mit Salz und Pfeffer würzen. Das Ganze so lange weiterkochen lassen, bis die Flüssigkeit vollständig verdampft ist. Den Kabeljau dann abkühlen lassen.
Die Eier in einer Schüssel kräftig mit der Sahne, Muskat, Salz und Pfeffer verquirlen. Den Kabeljau hinzufügen und umrühren. Die Masse auf dem Tarteboden verteilen und die Tarte 40 Min. backen.

Die Kabeljautarte schmeckt warm oder kalt.

Sophies Tipp

Sie können den Kabeljau auch durch Merlan oder Seelachs ersetzen.

Eichblattsalat mit Minze

Für 6 Personen

1 Eichblattsalat
Saft einer Zitrone
3 EL Olivenöl
1 EL frisch gehackte Minze
1/2 TL Zucker
Salz
Pfeffer

Den Eichblattsalat putzen, waschen und trockenschleudern.
In einer Salatschüssel Zitronensaft, Öl, Minze und Zucker verrühren und mit Salz und Pfeffer abschmecken. Den Salat in die Schüssel geben und unterheben.

Sofort servieren.

Camemberttarte

Den Backofen auf 180 °C (160 °C Umluft) vorheizen. Eine Tarteform (28 cm Durchmesser) mit dem Teig auskleiden und die Form in den Kühlschrank stellen.
Die Eier in einer Schüssel kräftig mit der Sahne, Salz und Pfeffer verquirlen.
Den Camembert klein schneiden und auf dem Tarteboden verteilen. Die Eiersahne darübergießen und die Tarte 40 Min. backen.

Die Tarte schmeckt am besten frisch aus dem Ofen.

Für 6 Personen

1 Portion klassischer Mürbeteig
4 Eier
400 g Sahne
Salz & Pfeffer
1 1/2 Camembert

Sophies Tipp

Statt Camembert eignen sich auch Brie, Pont-l'évêque* oder Munster*.

Bataviasalat mit Äpfeln und Walnüssen

Den Bataviasalat putzen, waschen, trockenschleudern und in eine Salatschüssel geben.
Die Äpfel schälen, in Würfel schneiden und mit den Walnusskernen zum Salat geben.
In einer kleinen Schüssel die Crème double* mit Zitronensaft, Senf, Salz und Pfeffer verrühren. Die Sauce über den Salat gießen und alles miteinander vermischen.

Sofort servieren.

Für 6 Personen

1 Bataviasalat
2 Äpfel
15 Walnusskerne
*1 EL Crème double**
Saft einer Zitrone
1 TL scharfer Senf
Salz
Pfeffer

Tarte nach Flammekuche-Art

Den Backofen auf 240 °C (220 °C Umluft) vorheizen. Die Butter in einer Pfanne erhitzen und die gehackten Zwiebeln etwa 5 Min. bei mittlerer Hitze goldgelb darin anbraten. Crème double*, Salz, Pfeffer und Muskat unterrühren und die Pfanne vom Herd nehmen.
Den Speck in Streifen schneiden und ohne Zugabe von Fett etwa 5 Min. in einer beschichteten Pfanne leicht anbraten.
Den Teig auf dem Backblech ausrollen. Das Backpapier dabei nicht entfernen.
Die Zwiebelcreme auf dem Teig verstreichen, mit dem Rapsöl beträufeln und die Speckstreifen darauf verteilen.
Die Tarte 10 bis 15 Min. backen.

Die Tarte schmeckt am besten frisch aus dem Ofen.

Für 6 Personen

1 Portion backfertiger Pizzateig

50 g Butter

3 große Zwiebeln oder 250 g gehackte tiefgefrorene Zwiebeln

*300 g Crème double**

Salz & Pfeffer

1 Msp. Muskat

150 g durchwachsener Räucherspeck

1 EL Rapsöl

Sophies Tipp: Probieren Sie statt Räucherspeck einmal geräucherten Lachs.

Friséesalat mit Speck

Den Friséesalat putzen, waschen und trockenschleudern. In einer Salatschüssel den Senf und den Balsamico-Essig verrühren. Öl, Petersilie, die gehackten Schalotten, Salz und Pfeffer hinzufügen.
Den Speck in dünne Streifen schneiden und ohne Zugabe von Fett etwa 5 Min. in einer beschichteten Pfanne kräftig anbraten. Die Eier in drei Portionen jeweils 3 Min. in leicht sprudelndem Essigwasser pochieren.
Speckstreifen und Eier auf Küchenpapier abtropfen lassen. Den Friséesalat in die Schüssel geben, die Speckstreifen unterheben und die Eier auf dem Salat anrichten.

Sofort servieren.

Für 6 Personen

1 Friséesalat

1 TL scharfer Senf

2 EL Balsamico-Essig

6 EL Olivenöl

2 EL gehackte Petersilie

2 Schalotten

Salz & Pfeffer

6 Eier

200 g durchwachsener Speck

1 TL Weinessig

Tarte mit Schellfisch

Für 6 Personen

1 Portion klassischer Mürbeteig
500 ml Milch
200 g geräucherter Schellfisch
150 g Spinat
15 g Butter
100 g Champignons
2 EL gehackter Dill
3 Eier
300 g Sahne
Pfeffer

Den Backofen auf 180 °C (160 °C Umluft) vorheizen. Eine Tarteform (28 cm Durchmesser) mit dem Teig auskleiden und die Form in den Kühlschrank stellen.
Die Milch in eine Kasserolle geben und den Schellfisch bei mittlerer Hitze 10 Min. darin kochen. Anschließend abtropfen lassen und zerpflücken.
Den Spinat waschen, 10 Min. in kochendem Wasser garen und abtropfen lassen.
Die Butter bei mittlerer Hitze in einer Pfanne zerlassen und die klein geschnittenen Champignons 5 Min. goldgelb darin anbraten. Die Pfanne vom Herd nehmen. Den Fisch, den Spinat und den Dill hinzufügen, umrühren und die Mischung auf dem Tarteboden verteilen. Die Eier kräftig mit der Sahne verquirlen und mit Pfeffer abschmecken. Über den Fisch gießen und die Tarte 40 Min. backen.

Die Schellfischtarte schmeckt frisch aus dem Ofen oder warm.

Grüne-Bohnen-Salat mit Walnüssen

Für 6 Personen

1 kg Prinzessbohnen
Salz & Pfeffer
1 TL scharfer Senf
Saft von 2 Zitronen
2 EL Walnussöl
4 EL Sonnenblumenöl
1 Schalotte
80 g Walnusskerne
3 Schnittlauchstengel

Die Bohnen entstielen und waschen, in einen Topf mit kaltem Salzwasser geben und 20 Min. garen. Anschließend in Eiswasser abschrecken und abtropfen lassen. In einer Salatschüssel Senf, Zitronensaft, Walnuss- und Sonnenblumenöl, die gehackte Schalotte, Salz und Pfeffer verrühren.
Die Bohnen, die zerstoßenen Walnusskerne und den in Röllchen geschnittenen Schnittlauch hinzufügen und den Salat durchmischen.

Sofort servieren.

Schafskäsetarte

Den Backofen auf 180 °C (160 °C Umluft) vorheizen. Eine Tarteform (28 cm Durchmesser) mit dem Teig auskleiden. Den Käse entrinden, in Streifen schneiden und diese auf dem Tarteboden verteilen.
Die Form dann in den Kühlschrank stellen.
Die Champignons säubern. Das Öl in einer Pfanne erhitzen und die Pilze bei mittlerer Hitze 10 Min. darin andünsten. Die gehackten Schalotten und die Petersilie hinzufügen, mit Salz und Pfeffer abschmecken und weitere 2 Min. kochen lassen. Eier, Sahne und restliche Kräuter in die Pfanne geben und umrühren.
Den in streichholzgroße Stifte geschnittenen Schinken und die eingelegten Tomaten auf dem Käse verteilen, die Champignon-Eier-Sahne darübergießen und die Tarte 40 Min. backen.

Die Schafskäsetarte schmeckt warm oder kalt.

Für 6 Personen

1 Portion klassischer Mürbeteig
500 g Schafskäse (z.B. Ossau-Iraty)*
250 g Champignons
1 EL Olivenöl
2 Schalotten
1 EL gehackte Petersilie
Salz & Pfeffer
4 Eier
400 g Sahne
1/2 EL gehackter Schnittlauch
1/2 EL gehackter Estragon
100 g Schinken
100 g eingelegte Tomaten

Sophies Tipp

Sie können den Schafskäse auch durch Ziegenkäse und den Pfeffer durch Piment d'Espelette* ersetzen.

Romanasalat mit Spargel

Für 6 Personen

1 Romanasalat
500 g Spargelspitzen aus der Dose
2 frische Silberzwiebeln
1 TL scharfer Senf
1 EL Weinessig
3 EL Traubenkernöl
1 EL gehackte Petersilie
Salz
Pfeffer

Den Romanasalat putzen, waschen und trockenschleudern.
Die Spargelspitzen abtropfen lassen. Die Silberzwiebeln klein schneiden.
In einer Salatschüssel Senf, Essig, Öl, Petersilie, Salz und Pfeffer verrühren. Den Salat, die Spargelspitzen und die Silberzwiebeln hinzufügen und alles miteinander vermischen.

Sofort servieren.

tarte
au thon

Thunfischtarte

Den Backofen auf 180 °C (160 °C Umluft) vorheizen. Eine Tarteform (28 cm Durchmesser) mit dem Teig auskleiden und die Form in den Kühlschrank stellen.
Das Öl in einer Pfanne erhitzen und die gehackten Zwiebeln bei mittlerer Hitze etwa 5 Min. goldgelb darin anbraten. In einer zweiten Pfanne die Mandelblättchen ohne Zugabe von Fett etwa 1 Min. bei starker Hitze anrösten. Die Eier kräftig mit der Sahne verquirlen, den abgetropften, zerpflückten Thunfisch, Zwiebeln, Mandeln und Kräuter hinzufügen, mit Salz und Pfeffer abschmecken und alles miteinander vermengen. Die Masse auf dem Tarteboden verteilen, die Tarte mit dem Greyerzer bestreuen und 40 Min. backen.

Die Thunfischtarte schmeckt warm oder kalt.

Für 6 Personen

1 Portion klassischer oder knuspriger Mürbeteig
2 Dosen Thunfisch mit Tomate (à 160 g)
2 EL Olivenöl
2 große Zwiebeln
80 g Mandelblättchen
4 Eier
400 g Sahne
1 EL gehackter Schnittlauch
1 EL gehackte Petersilie
Salz & Pfeffer
150 g geriebener Greyerzer

Sophies Tipp: Sie können den Thunfisch mit Tomate auch durch Thunfisch im eigenen Saft, Sardinen- oder Makrelenfilets ersetzen.

Reissalat mit eingelegten Tomaten

Den Reis nach Packungsanweisung kochen, abgießen und mit kaltem Wasser abschrecken. In einer Salatschüssel den Reis, die abgetropften Tomaten, den in 1 cm große Würfel geschnittenen Feta und die fein geschnittenen Basilikumblätter vermengen. Das Pesto in einer kleinen Schüssel mit dem Essig verrühren. Öl, Salz und Pfeffer hinzufügen, die Sauce über den Salat gießen und nochmals durchmischen.

Sofort servieren.

Für 6 Personen

300 g weißer Rundkornreis
250 g eingelegte oder getrocknete Tomaten
125 g Feta
10 Basilikumblätter
1 EL Pesto
1 EL Balsamico-Essig
3 EL Olivenöl
Salz & Pfeffer

Quiche Lorraine

Für 6 Personen

1 Portion klassischer Mürbeteig
200 g durchwachsener Räucherspeck
4 Eier
400 g Sahne
2 Msp. Paprikapulver
Salz & Pfeffer
150 g gekochter Schinken
200 g geriebener Greyerzer

Den Backofen auf 180 °C (160 °C Umluft) vorheizen. Eine Tarteform (28 cm Durchmesser) mit dem Teig auskleiden und die Form in den Kühlschrank stellen. Den Speck in Streifen schneiden und 1 Min. in einer Kasserolle mit kochendem Wasser blanchieren. Anschließend abtropfen lassen, in einer beschichteten Pfanne ohne Zugabe von Fett 5 Min. bei mittlerer Hitze anbraten und auf Küchenpapier entfetten.
Die Eier in einer Schüssel kräftig mit der Sahne, Paprika, Salz und Pfeffer verquirlen. Die Speckstreifen und den gewürfelten Kochschinken hinzufügen.
Das Ganze auf dem Tarteboden verteilen, die Quiche mit dem Greyerzer bestreuen und 40 Min. backen.

Die Quiche Lorraine schmeckt warm oder kalt.

Sophies Tipp

Sie können den gekochten Schinken auch durch Geflügelfleisch ersetzen.

Champignonsalat mit Greyerzer

Für 6 Personen

300 g kleine Champignons
300 g Greyerzer
1 Kopfsalat
1 EL Mayonnaise
1 EL Weinessig
3 EL Olivenöl
2 EL gehackte Petersilie
Salz
Pfeffer

Die Champignons mit einem feuchten Tuch abwischen, die erdigen Stielenden abschneiden und die Pilze vierteln.
Den Greyerzer fein würfeln.
Den Salat putzen, waschen und trockenschleudern.
In einer Salatschüssel die Mayonnaise mit Essig, Öl, Petersilie, Salz und Pfeffer verrühren. Den Salat, die Champignons und den Käse hinzufügen und alles miteinander vermischen.

Sofort servieren.

Tartelettes mit Weinbergschnecken

Für 6 Personen

1 Portion backfertiger Blätterteig
50 g Butter
1 Schalotte
400 g Weinbergschnecken im eigenen Saft
5 cl Cognac
150 ml Weißwein
2 EL gehackte Petersilie
*300 g Crème double**
Salz & Pfeffer
einige Kerbelstengel zum Garnieren

Den Backofen auf 180 °C (160 °C Umluft) vorheizen. Mit einer Ausstechform oder einer kleinen Schüssel sechs Kreise à 12 cm Durchmesser aus dem Teig ausstechen und sechs Tarteletteformen (10 cm Durchmesser) damit auskleiden. Die Böden mit Backpapier abdecken, mit getrockneten Hülsenfrüchten beschweren und 15 Min. blindbacken.
Die Butter bei mittlerer Hitze in einer Pfanne zerlassen und die gehackte Schalotte 1 Min. unter Rühren darin andünsten. Die abgetropften Weinbergschnecken dazugeben und 3 Min. bei starker Hitze anbraten. Mit dem Cognac begießen und flambieren. Den Weißwein angießen. Sobald der Wein fast vollständig verkocht ist, die Petersilie und die Crème double* einrühren. Das Ganze 15 Min. bei mittlerer Hitze einkochen lassen und danach mit Salz und Pfeffer abschmecken.
Die Tarteletteböden gegebenenfalls nochmals 1 Min. bei 180 °C (160 °C Umluft) im Backofen erwärmen. Anschließend auf Tellern anrichten. Die Weinbergschnecken mit der Sauce darauf verteilen und die Tartelettes mit dem Kerbel garnieren.

Die Tartelettes mit Weinbergschnecken schmecken am besten frisch aus dem Ofen.

Sophies Tipp

Sie können die Weinbergschnecken auch durch die gleiche Menge Miesmuschelfleisch oder durch gemischte tiefgefrorene Meeresfrüchte ersetzen.

Kopfsalat mit Knoblauchvinaigrette

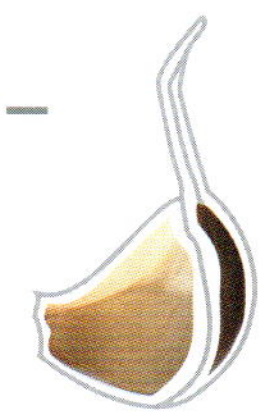

Den Salat putzen, waschen und trockenschleudern. Die Knoblauchzehen schälen, die Keime entfernen und die Zehen im Mörser oder mit der Knoblauchpresse zerdrücken.

Den Knoblauch in einer Salatschüssel mit dem Zitronensaft vermischen. Das Öl wie bei einer Mayonnaise in einem feinen Strahl angießen und kräftig unterschlagen. Mit Salz und Pfeffer abschmecken.

Den Salat in die Schüssel geben, mit der Knoblauchvinaigrette vermischen und mit der gehackten Petersilie bestreuen.

Sofort servieren.

Für 6 Personen

1 Kopfsalat
2 Knoblauchzehen
Saft einer 1/2 Zitrone
4 EL Olivenöl
Salz & Pfeffer
1 EL gehackte Petersilie

Lauchtarte

Für 6 Personen

1 Portion klassischer Mürbeteig
4 Stangen Lauch (nur die weißen Teile)
50 g Butter
Salz & Pfeffer
4 Eier
400 g Sahne
150 g geriebener Greyerzer

Den Backofen auf 180 °C (160 °C Umluft) vorheizen. Eine Tarteform (28 cm Durchmesser) mit dem Teig auskleiden und die Form in den Kühlschrank stellen. Den Lauch putzen, waschen und die weißen Teile in Ringe schneiden. Die Butter in eine Pfanne geben, die Lauchringe 20 bis 25 Min. langsam darin weich garen und danach mit Salz und Pfeffer würzen.
Die Pfanne vom Herd nehmen. Eier und Sahne unter den Lauch mischen und gegebenenfalls noch einmal abschmecken. Das Gemüse auf dem Tarteboden verteilen, die Tarte mit dem Greyerzer bestreuen und 40 Min. backen.

Die Lauchtarte schmeckt am besten warm.

Sophies Tipp

Verfeinern Sie die Tarte noch mit 100 g gekochtem Schinken oder 200 g Miesmuschelfleisch.

Friséesalat mit Ziegenkäse

Für 6 Personen

1 Friséesalat
150 g Kirschtomaten
6 kleine runde Ziegenweichkäse
4 kleine Thymianzweige
6 EL Olivenöl
1 TL scharfer Senf
1 EL Balsamico-Essig
Salz
Pfeffer

Den Friséesalat putzen, waschen und trockenschleudern. Die Kirschtomaten in Würfel schneiden und beides auf Tellern anrichten.
Die Ziegenkäse auf Backpapier legen, mit Thymian bestreuen und mit 2 Esslöffeln Öl beträufeln. Anschließend 1 bis 2 Min. unter den Backofengrill schieben.
In einer kleinen Schüssel Senf, Essig, 4 Esslöffel Öl, Salz und Pfeffer verrühren. Den Salat mit der Vinaigrette gleichmäßig begießen. Die Ziegenkäse aus dem Ofen nehmen und auf dem Salat anrichten.

Sofort servieren.

Lachstarte

Für 6 Personen

1 Portion klassischer Mürbeteig
200 g Räucherlachs
200 g frischer Lachs ohne Gräten
4 Schnittlauchstengel
4 Eier
400 g Sahne
Pfeffer
1 kleines Döschen Lachsrogen (nach Belieben)

Den Backofen auf 180 °C (160 °C Umluft) vorheizen. Eine Tarteform (28 cm Durchmesser) mit dem Teig auskleiden und die Form in den Kühlschrank stellen.
Den Räucherlachs in Streifen, den frischen Lachs in Würfel und den Schnittlauch in Röllchen schneiden.
Die Eier in einer Schüssel kräftig mit der Sahne verquirlen. Den Lachs und den Schnittlauch hinzufügen und mit Pfeffer abschmecken. Den Fisch auf dem Tarteboden verteilen und die Tarte 40 Min. backen. Die Tarte nach dem Backen mit dem Lachsrogen bestreuen.

Die Lachstarte schmeckt warm oder kalt.

Sophies Tipp

Sie können den Lachs auch durch 200 g roten und 200 g weißen Thunfisch und den Lachsrogen durch Basilikum ersetzen. Vergessen Sie dann aber nicht, die Fischfüllung zu salzen.

Spinatsalat mit Walnüssen

Für 6 Personen

250 g junger Spinat
1 Schalotte
1/2 Knoblauchzehe
10 Walnusskerne
1 Becher Petit Suisse (ersatzweise 30 g ungesalzener Frischkäse)*
1 EL Weinessig
3 EL Olivenöl
Salz & Pfeffer

Den Spinat waschen und abtropfen lassen.
Die Schalotte und den Knoblauch schälen und hacken. Die Walnüsse zerstoßen.
Den Frischkäse in einer Salatschüssel mit Schalotte, Knoblauch und Essig verrühren. Das Öl wie bei einer Mayonnaise in einem feinen Strahl angießen und unterschlagen. Die Nüsse hinzufügen und mit Salz und Pfeffer abschmecken. Zum Schluss den Spinat unterheben.

Sofort servieren.

Boursin-Tarte

Für 6 Personen

1 Portion backfertiger Blätterteig
150 g Boursin Knoblauch-Kräuter
4 Eier
400 g Sahne
Salz & Pfeffer
100 g Bündner Fleisch in Streifen
150 g geriebener Greyerzer

Den Backofen auf 180 °C (160 °C Umluft) vorheizen. Den Teig samt Backpapier in die Tarteform (28 cm Durchmesser) geben, die Form anschließend in den Kühlschrank stellen.
Den Käse in einer Schüssel mit einer Gabel zerdrücken. Eier, Sahne, Salz und Pfeffer hinzufügen und alles vermengen. Zum Schluss die Bündner-Fleisch-Streifen untermischen.
Die Masse auf dem Tarteboden verteilen, die Tarte mit dem geriebenen Greyerzer bestreuen und 40 Min. backen.

Die Boursin-Tarte schmeckt warm oder kalt.

Sophies Tipp

Sie können das Bündner Fleisch auch durch in Scheiben geschnittenes Puten- oder Hähnchenfilet oder Bacon ersetzen.

Kartoffelsalat mit Radieschen

Für 6 Personen

1 kg festkochende Kartoffeln
Salz & Pfeffer
100 ml trockener Weißwein
1 EL Weinessig
1 EL Mayonnaise
3 EL Olivenöl
10 Radieschen
3 Knoblauchzehen
2 EL gehackte Petersilie

Die ungeschälten Kartoffeln etwa 25 Min. in Salzwasser kochen. Anschließend pellen und in Scheiben schneiden. Sofort mit dem Wein begießen und 30 Min. ziehen lassen.
Den Essig in einer Salatschüssel mit der Mayonnaise und dem Öl verrühren. Die gewaschenen und in Scheiben geschnittenen Radieschen, den gehackten Knoblauch und die Petersilie dazugeben und mit Salz und Pfeffer würzen. Zum Schluss die Kartoffeln unterheben.

Sofort servieren.

Tarte mit Andouillettes

Den Backofen auf 180 °C (160 °C Umluft) vorheizen. Eine Tarteform (28 cm Durchmesser) mit dem Teig auskleiden. Boden und Rand mit einer Gabel einstechen und den Teig 20 Min. blindbacken. Die Würstchen pellen. Das Öl in eine Pfanne gießen und die gehackten Zwiebeln etwa 5 Min. bei mittlerer Hitze goldbraun darin anbraten. Die Würstchen und den Wein hinzufügen, mit Salz und Pfeffer würzen und das Ganze bei mittlerer Hitze 10 Min. einkochen lassen. Den Senf und die Crème double* einrühren und die Mischung auf dem Tarteboden verteilen. Die Tarte mit dem geriebenen Greyerzer bestreuen und 10 Min. backen.

Die Tarte mit Andouillettes* schmeckt am besten warm.

Für 6 Personen

1 Portion klassischer Mürbeteig
*6 Andouillette-Würstchen**
2 EL Olivenöl
2 Zwiebeln
200 ml Weißwein
Salz & Pfeffer
1 EL Senf
*300 g Crème double**
150 g geriebener Greyerzer

Sophies Tipp

Reichern Sie die Tarte noch mit 5 gekochten und in Scheiben geschnittenen Kartoffeln an.

Gemischter Salat mit Cantal

Für 6 Personen

20 Kirschtomaten
*100 g Cantal**
1 TL scharfer Senf
1 EL Balsamico-Essig
*4 EL Olivenöl mit Zitrone**
2 EL gehackte Kräuter
Salz & Pfeffer
300 g junges Blattgemüse (Feldsalat, Kerbel, Löwenzahn, Portulak …)

Die Kirschtomaten halbieren. Den Cantal* mit einem Sparschäler in dünne Streifen hobeln. In einer Salatschüssel Senf, Essig, Öl, die Kräuter, Salz und Pfeffer verrühren. Das junge Blattgemüse, die Tomaten und den Käse hinzufügen und den Salat durchmischen.

Sofort servieren.

Tarte mit Andouille-Wurst

Für 6 Personen

1 Portion klassischer Mürbeteig
*400 g Andouille-Wurst**
4 Eier
400 g Sahne
100 g grobkörniger Senf
2 EL gehackte Petersilie
Salz
Pfeffer
100 g geriebener Greyerzer

Den Backofen auf 180 °C (160 °C Umluft) vorheizen. Eine Tarteform (28 cm Durchmesser) mit dem Teig auskleiden. Die Wurst pellen, in dünne Scheiben schneiden und diese wie bei einer Apfeltarte auf dem Tarteboden verteilen. Die Form dann in den Kühlschrank stellen.
Die Eier in einer Schüssel kräftig mit der Sahne und dem Senf verquirlen. Die Petersilie untermischen und mit Salz und Pfeffer abschmecken. Die Eiersahne auf der Wurst verteilen, die Tarte mit dem geriebenen Greyerzer bestreuen und 40 Min. backen.

Die Tarte mit Andouille-Wurst* schmeckt am besten warm.

Sophies Tipp

Sie können die Andouille*- auch durch Blut- oder Weißwurst ersetzen.

Warmer Linsensalat mit Pfifferlingen

Für 6 Personen

1 EL Balsamico-Essig
3 EL Traubenkernöl
1 EL Trüffelöl
2 EL gehackte Kräuter (Petersilie, Kerbel …)
Salz & Pfeffer
400 g gekochte grüne Linsen (vorzugsweise Puy-Linsen)*
3 Schalotten
250 g Pfifferlinge
1 EL Sonnenblumenöl

In einer Salatschüssel den Essig, das Trauberkern- und das Trüffelöl, die Kräuter, Salz und Pfeffer verrühren. Die Linsen und die gehackten Schalotten hinzufügen.
Die erdigen Stielenden der Pfifferlinge abschneiden und die Pilze mit einem feuchten Tuch säubern. Große Pilze halbieren. Das Sonnenblumenöl in eine Pfanne geben und die Pfifferlinge etwa 5 Min. bei starker Hitze darin anbraten. Mit Salz und Pfeffer abschmecken und unter den Salat heben.

Sofort servieren.

Savoyer Tarte

Den Backofen auf 180 °C (160 °C Umluft) vorheizen. Eine Tarteform (28 cm Durchmesser) mit dem Teig auskleiden und die Form in den Kühlschrank stellen.
Das Öl in einer Pfanne erhitzen und die gehackten Zwiebeln etwa 5 Min. bei mittlerer Hitze goldgelb darin anbraten. Den in Streifen geschnittenen Speck hinzufügen, mit Pfeffer würzen und das Ganze weitere 5 Min. braten. Anschließend in ein Sieb abgießen.
Die Eier in einer Schüssel kräftig mit der Sahne verquirlen. Die Speck-Zwiebel-Mischung auf dem Tarteboden verteilen. Den Reblochon* mit der Rinde klein schneiden und darüberstreuen. Zum Schluss die Eiersahne darübergießen und die Tarte 40 Min. backen.

Die Savoyer Tarte schmeckt am besten warm.

Für 6 Personen

1 Portion klassischer Mürbeteig
2 EL Olivenöl
2 große Zwiebeln
150 g durchwachsener Speck
Pfeffer
4 Eier
400 g Sahne
*400 g Reblochon**

Sophies Tipp — Den Reblochon* durch Munster* oder Maroilles* ersetzen.

Escariolsalat mit eingelegten Tomaten

Den Escariol* putzen, waschen und trockenschleudern.
Die frischen Tomaten vierteln, entkernen und die Stielansätze entfernen. Mit den eingelegten Tomaten, dem Basilikum und der geschälten und gehackten Knoblauchzehe im Mixer pürieren. Das Püree mit Salz und Pfeffer abschmecken. Essig und Öl in einer Salatschüssel verrühren, das Tomatenpüree und den Salat hinzufügen und alles miteinander vermischen.

Sofort servieren.

Für 6 Personen

*1 Escariol**
2 mittelgroße Tomaten
20 g eingelegte oder getrocknete Tomaten
10 Basilikumblätter
1 Knoblauchzehe
Salz & Pfeffer
1 EL Sherryessig
3 EL Olivenöl

Tartelettes mit Scampi

Für 6 Personen

1 Portion backfertiger Blätterteig
36 Scampischwänze
5 cl Whisky
2 Schalotten
1 haselnussgroßes Stückchen Butter
*2 geh. EL Crème double**
Salz & Pfeffer
1 EL Schnittlauchröllchen
6 Schnittlauchstengel zum Garnieren

Den Backofen auf 180 °C (160 °C Umluft) vorheizen. Mit einer Ausstechform oder einer kleinen Schüssel sechs Kreise à 12 cm Durchmesser aus dem Teig ausstechen und sechs Tarteletteformen (10 cm Durchmesser) damit auskleiden. Die Böden und die Ränder mit einer Gabel einstechen und die Tartelettes 15 Min. blindbacken.
Eine beschichtete Pfanne sehr heiß werden lassen und die Scampischwänze 2 Min. bei starker Hitze darin anbraten. Mit dem Whisky begießen, flambieren und beiseite stellen.
In einer zweiten Pfanne die gehackten Schalotten etwa 5 Min. bei mittlerer Hitze in der Butter anbraten. Die Crème double* einrühren, mit Salz und Pfeffer würzen und das Ganze weitere 5 Min. einkochen lassen. Die Scampischwänze hinzufügen, die Schnittlauchröllchen darüberstreuen und 1 Min. rühren.
Die Tarteletteböden auf Tellern anrichten, die Scampischwänze mit der Sauce darauf verteilen und die Tartelettes mit den Schnittlauchstengeln garnieren.

Die Scampitartelettes schmecken am besten warm.

Sophies Tipp

Sie können die Scampi auch durch Riesengarnelen und den Whisky durch Cognac ersetzen.

Steinpilzsalat

Die erdigen Stielenden der Steinpilze entfernen, die Pilze mit einem feuchten Tuch säubern und fein hacken.
Die Tomate häuten, entkernen und fein würfeln.
Den Zitronensaft in einer Salatschüssel kräftig mit dem Olivenöl, Salz und Pfeffer verrühren.
Das junge Blattgemüse in die Schüssel geben, die Pilze und die Tomatenwürfel hinzufügen, die Kräuter darüberstreuen und den Salat durchmischen.

Sofort servieren.

Für 6 Personen

250 g frische kleine Steinpilze
1 Tomate
Saft einer 1/2 Zitrone
4 EL Olivenöl
Salz & Pfeffer
200 g junges Blattgemüse (Feldsalat, Kerbel, Löwenzahn, Portulak …)
1 EL gehackter Kerbel
1 EL Schnittlauchröllchen

Feine Tarte italienische Art

Für 6 Personen

1 Portion backfertiger Blätterteig
6 Tomaten
Salz & Pfeffer
3 Scheiben roher Schinken
400 g Mozzarella
1 TL getrocknete Kräuter der Provence

Den Backofen auf 180 °C (160 °C Umluft) vorheizen. Den Teig samt Backpapier in die Tarteform (28 cm Durchmesser) geben, mit Backpapier abdecken, mit getrockneten Hülsenfrüchten beschweren und 10 Min. blindbacken.
Die Tomaten häuten, vierteln und entkernen. Die Tomatenviertel in ein Sieb geben und mit 3 Messerspitzen Salz bestreuen, um ihnen das Wasser zu entziehen.
Den Schinken in Streifen, den Mozzarella in Scheiben schneiden. Die Schinkenstreifen auf dem Tarteboden verteilen. Die Tomatenviertel mit Küchenpapier trockentupfen und auf dem Schinken verteilen. Mit den Mozzarellascheiben belegen, mit den Kräutern bestreuen, mit Salz und Pfeffer würzen und die Tarte nochmals 10 Min. backen.

Die italienische Tarte schmeckt frisch aus dem Ofen und warm.

Sophies Tipp

Den Blätterteig durch Pizzateig ersetzen, und die Tarte noch mit 100 g feingeschnittenen Champignons belegen.

Bataviasalat mit Croûtons

Für 6 Personen

1 Bataviasalat
1 EL Mayonnaise
1 EL Sherryessig
5 EL Sonnenblumenöl
1 Knoblauchzehe
Salz & Pfeffer
3 Scheiben Weißbrot, entrindet und gewürfelt
50 g frischer Parmesan

Den Bataviasalat putzen, waschen und trockenschleudern.
In einer Salatschüssel Mayonnaise, Essig, 3 Esslöffel Öl, den gehackten Knoblauch, Salz und Pfeffer zu einer Sauce verrühren. Das restliche Öl in einer Pfanne erhitzen. Die Brotwürfel unter häufigem Rühren 5 Min. bei mittlerer Hitze darin anrösten und anschließend auf Küchenpapier abtropfen lassen. Den Parmesan mit einem Sparschäler in Späne hobeln. Den Salat in die Schüssel geben, mit dem Parmesan und den Croûtons bestreuen und durchmischen.

Sofort servieren.

Süße Tartes

Rhabarbertarte

Für 6 Personen

1 Portion Sandteig oder süßer Mürbeteig
750 g Rhabarber
150 g Zucker
3 Eier
1 EL Speisestärke
1 EL Mehl
*150 g Crème double**

Den Backofen auf 180 °C (160 °C Umluft) vorheizen. Eine Tarteform (28 cm Durchmesser) mit dem Teig auskleiden und die Form in den Kühlschrank stellen.
Den Rhabarber schälen und in etwa 2 cm große Stücke schneiden. Mit 50 g Zucker bestreuen und beiseite stellen.
Die Eier in einer Schüssel kräftig mit dem restlichen Zucker verquirlen. Speisestärke, Mehl und zum Schluss die Crème double* unterheben. Die Rhabarberstücke dazugeben, das Ganze auf dem Tarteboden verteilen und die Tarte 30 Min. backen.

Die Rhabarbertarte schmeckt warm oder kalt.

Sophies Tipp

Die Crème-double-Mehl-Mischung saugt den austretenden Rhabarbersaft auf. Achten Sie deshalb darauf, dass der Rhabarber gut damit überzogen ist.

Süße Schlagsahne

Für 6 Personen

250 g Sahne
50 g Puderzucker
1/2 TL gemahlene Vanille

Die Sahne 1 Stunde vor der Zubereitung in den Kühlschrank stellen.
Die Schüssel und die Quirle des Handmixers 15 Min. vor der Zubereitung in die Gefriertruhe geben.
Die Sahne in die Schüssel gießen und 2 Min. auf der niedrigsten Stufe schlagen. Die Geschwindigkeit dann erhöhen.
Sobald die Sahne steif zu werden beginnt, den Puderzucker und die Vanille einstreuen und die Sahne noch etwa 5 Sek. weiterschlagen.

Die Sahne vor dem Servieren mindestens 1 Stunde in den Kühlschrank stellen.

Sophies Zuckertarte

Den Backofen auf 180 °C (160 °C Umluft) vorheizen. Den Teig samt Backpapier auf das Backblech oder eine Silikonbackmatte legen. Den Teig mit einer Gabel einstechen und mit dem Zucker bestreuen.
Die Eier kräftig mit der Sahne verquirlen und die Masse auf dem Boden verstreichen. Die Tarte mit Butterflöckchen besetzen und 25 Min. backen.

Die Zuckertarte schmeckt warm oder kalt.

Für 6 Personen

1 Portion backfertiger Blätterteig
250 g Farinzucker
2 Eier
100 g Sahne
1 TL Butter

Sophies Tipp Die klassische Zuckertarte wird mit Hefeteig zubereitet, aber mit Blätterteig ist sie auch köstlich.

Pfirsichsalat

Die Pfirsiche schälen, entsteinen und in dünne Spalten schneiden.
Die Spalten in eine Schale geben, mit Zucker und Vanillinzucker bestreuen und dem Orangensaft begießen. Die Vanilleschote aufschlitzen, das Mark herauskratzen und zu den Pfirsichen geben. Das Ganze durchmischen und die Schale abdecken.

Den Pfirsichsalat vor dem Servieren 1 Stunde im Kühlschrank durchziehen lassen.

Für 6 Personen

6 Pfirsiche
50 g Zucker
1 Päckchen Vanillinzucker
Saft einer Orange
1 Vanilleschote

Elsässer Apfeltarte

Für 6 Personen

1 Portion Sandteig
4 Eier
150 g Zucker
1/2 TL gemahlene Vanille
200 ml Vollmilch
200 g Sahne
4 Äpfel (z.B. Golden Delicious)
1 Päckchen Vanillinzucker

Den Backofen auf 180 °C (160 °C Umluft) vorheizen. Eine Tarteform (28 cm Durchmesser) mit dem Teig auskleiden und die Form in den Kühlschrank stellen. Die Eier in einer Schüssel kräftig mit dem Zucker und der gemahlenen Vanille verquirlen.
Milch und Sahne hinzufügen und alles miteinander verrühren.
Die Äpfel schälen, von den Kerngehäusen befreien und sechsteln. Die Apfelspalten auf dem Tarteboden verteilen und mit der Eiersahne begießen. Die Tarte mit dem Vanillinzucker bestreuen und 35 Min. backen.

Die Apfeltarte schmeckt warm oder kalt.

Sophies Tipp

Wenn Sie die Apfelspalten mit der Spitze eines Messers etwas einritzen, werden sie schneller weich.

Zimteis

Für 6 Personen

4 Eigelb
80 g Zucker
1/2 TL Zimt
*100 g Crème double**
500 ml Vollmilch

Die Eidotter in einer Schüssel kräftig mit dem Zucker und dem Zimt verquirlen und die Crème double* unterheben. Anschließend nach und nach die Milch einrühren und das Ganze mindestens 30 Min. in den Kühlschrank stellen. Danach in die Eismaschine (oder Sorbetière) umfüllen und gefrieren lassen.

Das Zimteis können Sie entweder sofort genießen oder einfrieren.

Zitronen-Kokos-Tartelettes

Den Backofen auf 180 °C (160 °C Umluft) vorheizen. Mit einer Ausstechform oder einer kleinen Schüssel sechs Kreise mit 12 cm Durchmesser aus dem Teig ausstechen. Sechs Tartelette-formen (10 cm Durchmesser) damit auskleiden und die Förmchen in den Kühlschrank stellen.
Die Butter bei geringer Hitze zerlassen.
Die Eier kräftig mit Zucker und Zitronenschale verquirlen. Butter, Quark, Zitronensaft und Kokosraspeln unterheben, die Creme auf die Tartelette-böden verteilen und die Tartelettes 30 Min. backen.

Die Tartelettes schmecken kalt am besten.

Für 6 Personen

1 Portion Sandteig
60 g Butter
3 Eier
150 g Zucker
abgeriebene Schale einer unbehandelten Zitrone
200 g Quark (40%)
Saft von 3 Zitronen
40 g Kokosraspel

Sophies Tipp Sie können den Zitronensaft durch den Saft von vier Nektarinen ersetzen.

Bananen-Mango-Salat

Die Bananen schälen und in nicht zu dünne Scheiben schneiden. Die Mango schälen und in mundgerechte Stücke schneiden.
Beides in eine Schale geben, mit dem Zitronensaft begießen und durchmischen.
Den Zucker und den Malibu* hinzufügen und nochmals umrühren.

Die Schale mit Frischhaltefolie abdecken und den Salat vor dem Servieren 1 Stunde im Kühlschrank durchziehen lassen.

Für 6 Personen

4 Bananen
1 Mango
Saft einer Zitrone
100 g Zucker
*3 EL Malibu**

Rote-Bete-Tarte

Für 6 Personen

1 Portion klassischer Mürbeteig
1 kg gegarte Rote Bete
*200 g Crème double**
200 ml Milch
1 TL gemahlene Vanille
3 Eier
3 Eigelb
100 g Zucker

Den Backofen auf 180 °C (160 °C Umluft) vorheizen. Eine Tarteform (28 cm Durchmesser) mit dem Teig auskleiden und die Form in den Kühlschrank stellen.
Die Rote Bete schälen und auf der Küchenreibe grob raspeln. Die Crème double* in einer Kasserolle mit der Milch und der gemahlenen Vanille verrühren und bei geringer Hitze 5 Min. köcheln lassen.
Die Eier in einer Schüssel kräftig mit den Eidottern und dem Zucker verquirlen. Die Vanillecreme nach und nach einrühren und zum Schluss die Rote Bete unterheben.
Die Masse auf dem Tarteboden verteilen und die Tarte 45 Min. backen.

Die Rote-Bete-Tarte schmeckt warm oder kalt. Servieren Sie dazu das Johannisbeerpüree oder das Vanilleeis (siehe Seite 154).

Sophies Tipp

Beim Schälen, Schneiden oder Raspeln von Roter Bete trage ich stets Einmalhandschuhe. So bleiben die Hände absolut sauber. Sie können jedoch auch gegarte Rote-Bete-Würfel aus dem Glas nehmen.

Johannisbeerpüree

Für 6 Personen

200 g Johannisbeeren
100 g Zucker

Die Johannisbeeren mit dem Zucker und 5 Esslöffeln Wasser in eine Kasserolle geben und 10 Min. bei geringer Hitze köcheln lassen. Anschließend im Mixer pürieren und durch ein Sieb passieren.

Gut gekühlt servieren.

La Maison de Sophie

Nektarinentarte mit Lebkuchen

Für 6 Personen

1 Portion Sandteig
100 g Lebkuchen
100 g Zucker
100 g gemahlene Mandeln
8 Nektarinen
3 Eigelb
200 g Sahne

Den Backofen auf 180 °C (160 °C Umluft) vorheizen. Eine Tarteform (28 cm Durchmesser) mit dem Teig auskleiden und die Form in den Kühlschrank stellen.
Die Lebkuchen in der Küchenmaschine fein mahlen und mit dem Zucker und den gemahlenen Mandeln mischen.
Die Nektarinen schälen und in dünne Spalten schneiden.
Die Eidotter in einer Schüssel kräftig mit der Sahne verquirlen.
Den Tarteboden mit der Lebkuchenmischung bestreuen und die Nektarinenspalten darauf verteilen. Die Tarte mit der Sahnemischung begießen und 35 Min. backen.

Die Nektarinentarte schmeckt warm oder kalt.

Sophies Tipp Sie können die Nektarinen auch durch Birnen ersetzen.

Grapefruit-Granita mit Cidre

Für 6 Personen

Saft von 3 rosa Grapefruits
500 ml Cidre (herb oder lieblich)
100 ml Calvados
3 EL Farinzucker
6 Minzeblätter

Den Grapefruitsaft in einer Gefrierdose mit Cidre, Calvados und Zucker sorgfältig verrühren.
Etwa 1 Stunde im Gefrierfach des Kühlschranks gefrieren lassen. Dabei immer wieder mit einer Gabel grob umrühren, damit die Granita nicht als Block gefriert; es sollen sich vielmehr kleine Klümpchen bilden.
Die Granita auf Gläser verteilen und mit den Minzeblättern dekorieren.

Sofort servieren.

Bananentarte

Den Backofen auf 180 °C (160 °C Umluft) vorheizen. Eine Tarteform (28 cm Durchmesser) mit dem Teig auskleiden und die Form in den Kühlschrank stellen. Die Bananen schälen, in Scheiben schneiden und mit dem Zitronensaft begießen; nach 5 Min. durch ein Sieb abgießen. Die Speisestärke mit 1 Esslöffel kaltem Wasser anrühren. Den aufgefangenen Zitronen-Bananensaft bei geringer Hitze in einer kleinen Kasserolle mit der angerührten Speisestärke erhitzen. Sobald die Sauce eindickt, die Bananenscheiben, die Zitronenschale, den Streuzucker und die Hälfte des Zimts hinzufügen. Die Masse auf dem Tarteboden verteilen.
Das Mehl in eine Schüssel sieben, den Farinzucker, den restlichen Zimt und die Butter hinzufügen und das Ganze mit den Händen zu einem krümeligen Teig verarbeiten. Die zerstoßenen Pekannüsse untermischen, die Mischung auf den Bananen verteilen und die Tarte 30 Min. backen.

Die Bananentarte schmeckt warm oder kalt.

Für 6 Personen

1 Portion Sandteig
6 reife Bananen
Saft von 2 Zitronen
1 TL Speisestärke
abgeriebene Schale einer Zitrone
50 g Streuzucker
1 TL Zimt
170 g Mehl
150 g Farinzucker
75 g zimmerwarme Butter
75 g Pekannusskerne

Sophies Tipp

Diese Bananentarte ist ganz köstlich – aber sie hat es in sich! Sie sollten also einen Riesenappetit mitbringen.

Schokoladensahne

Die Schokolade auf der Küchenreibe sehr fein reiben. Die Sahne und den Zucker in eine gut gekühlte Schüssel geben und langsam mit dem Schneebesen oder dem Handmixer steif schlagen.
Die geriebene Schokolade auf einmal hinzufügen und vorsichtig unterheben.

Die Sahne vor dem Servieren mindestens 1 Stunde in den Kühlschrank stellen.

Für 6 Personen

100 g Zartbitterschokolade
300 g sehr kalte Sahne
50 g Puderzucker

Reistartelettes

Den Backofen auf 180 °C (160 °C Umluft) vorheizen. Mit einer Ausstechform oder einer kleinen Schüssel sechs Kreise mit 12 cm Durchmesser aus dem Teig ausstechen und sechs Tarteletteformen (10 cm Durchmesser) damit auskleiden. Böden und Ränder mit einer Gabel einstechen und die Tartelettes 15 Min. blindbacken.
In der Zwischenzeit den Reis waschen, 2 Min. in sprudelnd kochendem Wasser vorgaren und abgießen.
In einer beschichteten Kasserolle die Milch mit dem Zucker und der gemahlenen Vanille aufkochen.
Den Reis auf einmal hinzufügen und 45 Min. bei geringer Hitze leise köcheln lassen.
Sobald der Reis weich ist, Butter, die verquirlten Eier und Crème double* unterheben.
Die Masse auf die vorgebackenen Tartelettböden verteilen und die Tartelettes 15 Min. backen.

Die Reistartelettes schmecken kalt am besten.

Für 6 Personen

1 Portion Sandteig
200 g Rundkornreis
750 ml Vollmilch
150 g Zucker
1/2 TL gemahlene Vanille
20 g Butter
3 Eier
*1 EL Crème double**

Sophies Tipp

Fügen Sie der Milch ruhig einmal die abgeriebene Schale einer halben Orange oder Zitrone hinzu.

Karamellsauce

Den Zucker mit 1 Esslöffel kaltem Wasser bei starker Hitze in einer Kasserolle aufkochen.
Sobald der Zucker zu karamellisieren beginnt, den Topf vom Herd nehmen und die Sahne hinzufügen.
Umrühren und anschließend nach und nach die Butter unterrühren.

Kalt servieren.

Für 6 Personen

90 g Zucker
300 g Sahne
30 g Butter

Marmorierte Schokoladentarte

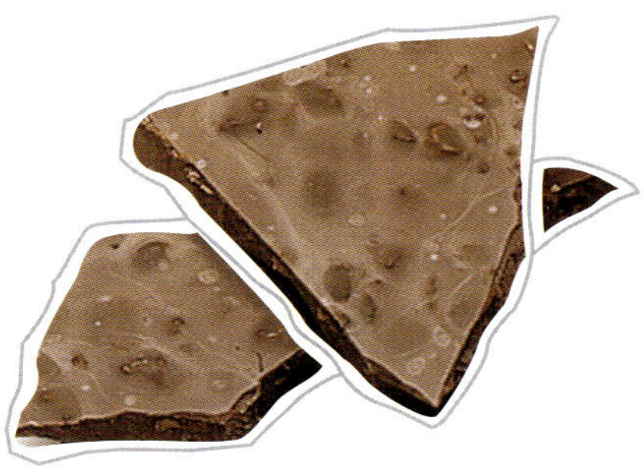

Für 6 Personen

1 Portion süßer Mürbeteig

Für die dunkle Füllung:

400 g dunkle Schokolade (mind. 60% Kakaoanteil)

120 g Zucker

*600 g Crème double**

Für die Marmorierung:

100 g weiße Schokolade

*100 g Crème double**

Den Backofen auf 180 °C (160 °C Umluft) vorheizen. Eine Tarteform (28 cm Durchmesser) mit dem Teig auskleiden. Boden und Rand mit einer Gabel einstechen und den Teig 20 Min. blindbacken.

Die dunkle Schokolade in Stücke brechen und in der Mikrowelle oder im Wasserbad schmelzen. Die Schokolade glatt rühren und Zucker und Crème double* unterrühren. Die Creme auf dem vorgebackenen Tarteboden verstreichen. Den Boden dann beiseite stellen.

Die weiße Schokolade ebenfalls in Stücke brechen und in der Mikrowelle oder im Wasserbad schmelzen. Die Schokolade glatt rühren und die Crème double* unterrühren. Die weiße Schokolade in einem feinen Strahl auf die dunkle Füllung gießen und mit einem spitzen Messer zu einem Marmormuster verstreichen (s. Foto folgende Doppelseite). Die Tarte über Nacht in den Kühlschrank stellen.

Die marmorierte Schokoladentarte wird kalt serviert.

Sophies Tipp

Kehren Sie das Farbmuster doch einmal um. Dazu müssen Sie lediglich die jeweiligen Schokoladenmengen umkehren.

Englische Creme

Die Vanilleschote der Länge nach halbieren. Die Milch mit der Vanilleschote in einer Kasserolle erhitzen.
Eidotter und Zucker mit dem Schneebesen schaumig schlagen und die heiße Vanillemilch nach und nach hinzufügen. Dabei kräftig mit dem Schneebesen rühren.
Die Eiermilch in die Kasserolle zurückgießen und 5 Min. vorsichtig erhitzen (aber nicht mehr aufkochen lassen), bis sie eindickt. Dabei ständig mit einem Kochlöffel umrühren.
Die Creme ist fast fertig, wenn sich an der Oberfläche kein Schaum mehr bildet. Sobald sie am Kochlöffel haften bleibt, die Kasserolle vom Herd nehmen und die Creme zum Abkühlen in eine Schale umfüllen. Während des Abkühlens gelegentlich umrühren.

Die Englische Creme vor dem Servieren mindestens 1 Stunde in den Kühlschrank stellen.

Für 6 Personen

1 Vanilleschote oder
1/2 TL gemahlene Vanille

500 ml Vollmilch

6 Eigelb

125 g Zucker

Pekannusstarte

Für 6 Personen

1 Portion Sandteig

40 weiche Karamellbonbons (mit gesalzener Butter zubereitet)

100 ml Vollmilch

50 g weiche gesalzene Butter

4 Eier

150 g Zucker

200 g Pekannusskerne

Den Backofen auf 180 °C (160 °C Umluft) vorheizen. Eine Tarteform (28 cm Durchmesser) mit dem Teig auskleiden und die Form in den Kühlschrank stellen.

Die Karamellbonbons in einer beschichteten Kasserolle bei geringer Hitze mit der Milch und der klein geschnittenen Butter auflösen und mit dem Schneebesen zu einer glatten Paste verrühren. Die Kasserolle vom Herd nehmen und beiseite stellen.

Eier und Zucker in einer Schüssel kräftig verquirlen. Die Hälfte der Pekannusskerne zerstoßen und mit der Karamellmasse vermengen.

Die Masse auf dem Tarteboden verstreichen, rundherum mit den restlichen ganzen Nüssen verzieren und die Tarte 40 Min. backen.

Die Pekannusstarte schmeckt kalt am besten.

Sophies Tipp

Sie können die Pekannüsse auch durch Macadamia- oder Walnüsse ersetzen.

Karamelleis

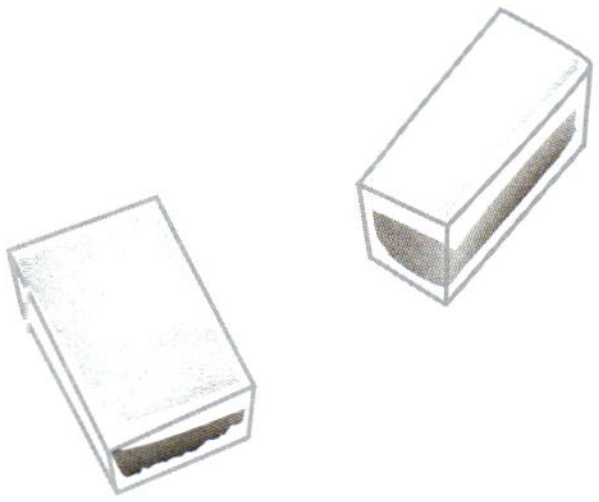

Für den Karamell den Zucker mit 2 Esslöffeln Wasser und dem Zitronensaft in eine beschichtete Kasserolle geben und bei mittlerer Hitze so lange kochen, bis er Farbe annimmt.
In der Zwischenzeit die Eidotter in einer Schüssel kräftig mit der Crème double* verquirlen. Dann zunächst die Milch und danach den Karamell einrühren. Die Masse anschließend abkühlen lassen.
Die Karamellmasse mindestens 30 Min. in den Kühlschrank stellen, dann in die Eismaschine (oder Sorbetière) umfüllen und gefrieren lassen.

Das Karamelleis können Sie entweder sofort genießen oder einfrieren.

Für 6 Personen

150 g Zucker
Saft einer 1/2 Zitrone
4 Eigelb
*100 g Crème double**
500 ml Vollmilch

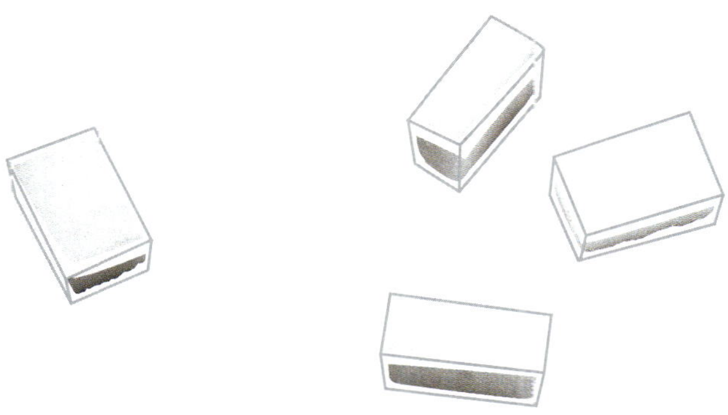

Mandeltarte

Den Backofen auf 180 °C (160 °C Umluft) vorheizen. Eine Tarteform (28 cm Durchmesser) mit dem Teig auskleiden und die Form in den Kühlschrank stellen.
Die Eier in einer Schüssel kräftig mit dem Zucker verquirlen. Die gemahlenen Mandeln und danach die Butter in kleinen Stücken untermengen. Die Masse auf dem Tarteboden verstreichen und die Tarte 30 Min. backen.

Die Mandeltarte schmeckt kalt am besten.

Für 6 Personen

1 Portion Sandteig
4 Eier
160 g Zucker
200 g gemahlene Mandeln
160 g weiche gesalzene Butter

Sophies Tipp

Sie können die gemahlenen Mandeln auch durch gemahlene Haselnüsse oder Kokosraspeln ersetzen.

Melonensalat

Die Melonen halbieren, die Kerne entfernen, das Fruchtfleisch herausschaben und in Stücke schneiden.
Das Melonenfruchtfleisch in einer Schale mit Limettensaft, Zucker, Vanille und Zimt vermischen und mit dem Süßwein beträufeln. Die Schale dann abdecken.

Den Melonensalat vor dem Servieren 1 Stunde im Kühlschrank durchziehen lassen.

Für 6 Personen

2 Charentais-Melonen
Saft von 3 Limetten
30 g Zucker
1/2 TL gemahlene Vanille
1 Msp. Zimt
5 EL weißer Süßwein

Mokkatartelettes

Für 6 Personen

1 Portion Sandteig
3 Eier
50 g Zucker
1 EL Instantkaffeepulver
2 TL ungezuckertes Kakaopulver
300 g Sahne

Den Backofen auf 180 °C (160 °C Umluft) vorheizen. Mit einer Ausstechform oder einer kleinen Schüssel sechs Kreise mit 12 cm Durchmesser aus dem Teig ausstechen und sechs Tarteletteformen (10 cm Durchmesser) damit auskleiden. Die Formen anschließend in den Kühlschrank stellen.
Die Eier in einer Schüssel kräftig mit Zucker, Kaffeepulver und 1 Teelöffel Kakaopulver verquirlen. Anschließend die Sahne einrühren.
Die Tartelettes jeweils bis zum Rand mit der Masse füllen und 25 Min. backen.

Die Mokkatartelettes mit dem restlichen Kakaopulver bestäuben und kalt servieren.

Sophies Tipp

Sie können den Kakao auch durch Zimt ersetzen.

Kakaosorbet

Für 6 Personen

100 g Zucker
50 g ungezuckertes Kakaopulver
150 g dunkle Schokolade (mind. 60% Kakaoanteil)

In einer Kasserolle 500 ml Wasser mit dem Zucker zum Kochen bringen. Das Kakaopulver und die in Stücke zerteilte Schokolade bei mittlerer Hitze einrühren und das Ganze weitere 2 Min. erhitzen. Den Topf dann vom Herd nehmen und die Masse abkühlen lassen.
Das Sorbet anschließend mindestens 30 Min. in den Kühlschrank stellen. Danach in die Eismaschine (oder Sorbetière) umfüllen und gefrieren lassen.

Das Kakaosorbet können Sie entweder sofort genießen oder einfrieren.

Pralines-Roses-Tarte

Für 6 Personen

1 Portion Sandteig
*400 g Pralines Roses**
*500 g Crème double**

Den Backofen auf 180 °C (160 °C Umluft) vorheizen. Eine Tarteform (28 cm Durchmesser) mit dem Teig auskleiden. Boden und Rand mit einer Gabel einstechen und den Teig 15 Min. blindbacken.
In der Zwischenzeit die Pralines Roses* in einer Schüssel grob zerkleinern und mit der Crème double* verrühren.
Die Masse auf dem Tarteboden verstreichen und die Tarte 10 Min. backen.
Die Tarte anschließend vollständig abkühlen lassen und mindestens 3 Stunden in den Kühlschrank stellen.

Die Pralines-Roses*-Tarte wird kalt serviert.

Sophies Tipp

Pralines-Roses*-Tarte de Coco finden Sie in Konfiserien und gut sortierten Feinkostgeschäften.

Wintersalat

Für 6 Personen

1 Ananas
1 rosa Grapefruit
6 Clementinen
2 EL flüssiger Honig
Saft einer Zitrone
1 gestr. TL gemahlener Ingwer

Die Ananas schälen und in Stücke schneiden, den austretenden Saft dabei in einer Schüssel auffangen. Die Grapefruit dick abschälen. Die Filets aus den Häutchen lösen und die Kerne entfernen. Die Clementinen schälen, in Spalten zerteilen und diese halbieren. Die Früchte in eine Schale geben. Den Honig bei mittlerer Hitze in einer Kasserolle mit dem Zitronensaft dünnflüssig werden lassen. Das Ingwerpulver unterrühren, den Sirup über die Früchte gießen und die Schale abdecken.

Den Wintersalat vor dem Servieren 1 Stunde im Kühlschrank durchziehen lassen.

Orangentarte

Den Backofen auf 180 °C (160 °C Umluft) vorheizen. Eine Tarteform (28 cm Durchmesser) mit dem Teig auskleiden und die Form in den Kühlschrank stellen.
2 Orangen waschen und die Schale abreiben.
Alle Orangen auspressen.
Die Eier in einer Schüssel kräftig mit dem Zucker verquirlen. Orangensaft und -schale hinzufügen und das Ganze in einer Kasserolle 10 Min. bei geringer Hitze unter Rühren kochen. Anschließend durch ein Sieb passieren und die Butter und die gemahlenen Mandeln unterrühren.
Die Masse auf dem Tarteboden verstreichen und die Tarte 30 Min. backen.

Die Orangentarte wird kalt serviert.

Für 6 Personen

1 Portion Sandteig
4 unbehandelte Orangen
4 Eier
200 g Zucker
150 g weiche gesalzene Butter
60 g gemahlene Mandeln

Sophies Tipp Sie können die Orangen auch durch 8 unbehandelte Zitronen ersetzen, wenn Sie es gern etwas saurer haben.

Orangensauce

Den Orangensaft in einer Kasserolle mit Zucker und Speisestärke aufkochen. Dabei laufend mit dem Schneebesen rühren. Die Wärmezufuhr verringern, das Ganze noch 2 Min. köcheln und anschließend abkühlen lassen.
Die Orange mit einem Messer dick abschälen. Die Filets aus den Häutchen lösen und die Kerne entfernen. Die Filets in die Sauce geben.

Die Orangensauce schmeckt lauwarm am besten.

Für 6 Personen

Saft von 3 Orangen
70 g Zucker
2 EL Speisestärke
1 Orange

Tarte Tatin

Für 6 Personen

1 Portion klassischer Mürbeteig oder Sandteig
1 kg Äpfel
200 g Zucker
Saft einer 1/2 Zitrone
80 g Butter

Den Backofen auf 240 °C (220 °C Umluft) vorheizen.
Die Äpfel schälen und vierteln. Dabei die Kerngehäuse entfernen.
100 g Zucker mit 4 Esslöffeln Wasser in einer Kasserolle schmelzen. Sobald er eine schöne goldgelbe Farbe annimmt, den Zitronensaft und 40 g Butter hinzufügen. Den Topf vom Herd nehmen, umrühren und den Karamell in eine mit Butter gefettete Spring- oder Tatinform gießen. Die Apfelviertel mit der Rundung nach unten dicht an dicht auf dem Karamell verteilen. Die restliche Butter in Flöckchen daraufsetzen und den restlichen Zucker darüberstreuen. Den Teigboden auflegen und fest an den Rändern der Form andrücken. Die Tarte etwa 30 Min. backen und danach sofort aus der Form stürzen.

Die Tarte Tatin schmeckt am besten warm.

Sophies Tipp

Verwenden Sie säuerliche Äpfel, zum Beispiel Granny Smith. Sie können die Äpfel aber auch durch Birnen ersetzen.

Cidresorbet

Für 6 Personen

500 ml Cidre (herb oder lieblich)
Saft einer 1/2 Zitrone
300 g Zucker
2 Eiweiß
75 g Puderzucker

Den Cidre und den Zitronensaft in einer Kasserolle mit dem Zucker aufkochen. Den Topf vom Herd nehmen, das Ganze abkühlen lassen und anschließend mindestens 30 Min. in den Kühlschrank stellen.
Das Sorbet danach in die Eismaschine (oder Sorbetière) umfüllen und gefrieren lassen.
Eiweiß mit dem Puderzucker steif schlagen und unter das Sorbet heben.

Das Cidresorbet können Sie entweder sofort genießen oder einfrieren.

Kokos-Ananas-Tarte

Den Backofen auf 180 °C (160 °C Umluft) vorheizen. Eine Tarteform (28 cm Durchmesser) mit dem Teig auskleiden und die Form in den Kühlschrank stellen.
Die Eier in einer Schüssel kräftig mit dem Zucker verquirlen. Dann zunächst die Kokosraspeln und danach die Butter in kleinen Stücken untermengen. Die Masse anschließend auf dem Tarteboden verstreichen. Die Ananasscheiben abtropfen lassen und auf der Tarte verteilen. Die Tarte mit den Schokoladensplittern bestreuen und 30 Min. backen.

Die Kokos-Ananas-Tarte schmeckt warm oder kalt.

Für 6 Personen

1 Portion Sandteig
4 Eier
160 g Zucker
100 g Kokosraspeln
160 g weiche gesalzene Butter
1 kleine Dose Ananas in Scheiben
50 g Schokoladensplitter

Sophies Tipp

Sie können die Ananas auch durch 3 in Scheiben geschnittene Bananen ersetzen.

Kokoseis

Die Eidotter in einer Schüssel kräftig mit dem Zucker und den Kokosraspeln verquirlen. Anschließend die Crème double* unterrühren.
Die Milch nach und nach einrühren. Die Masse dann mindestens 30 Min. in den Kühlschrank stellen. Danach in die Eismaschine (oder Sorbetière) umfüllen und gefrieren lassen.

Das Kokoseis können Sie entweder sofort genießen oder einfrieren.

Für 6 Personen

4 Eigelb
80 g Zucker
40 g Kokosraspeln
*100 g Crème double**
500 ml Vollmilch

Pariser Flan

Den Backofen auf 180 °C (160 °C Umluft) vorheizen. Eine Tarteform (28 cm Durchmesser) mit dem Teig auskleiden und die Form in den Kühlschrank stellen.
Die Milch mit der Butter aufkochen.
Die Eier in einer Schüssel kräftig mit Zucker und gemahlener Vanille verquirlen. Mehl und Speisestärke und dann nach und nach die Milch einrühren.
Die Masse auf dem Tarteboden verstreichen und die Tarte 35 Min. backen.

Der Pariser Flan schmeckt kalt am besten.

Für 6 Personen

1 Portion süßer Mürbeteig
500 ml Vollmilch
1 haselnussgroßes Stückchen gesalzene Butter
3 Eier
100 g Zucker
1/2 TL gemahlene Vanille
40 g Mehl
40 g Speisestärke

Sophies Tipp

Reichern Sie den Flan ruhig einmal mit 50 g Rosinen oder 100 g entsteinten Backpflaumen an – auch sehr lecker.

Backpflaumensalat

Die Orangen dick abschälen. Die Filets auslösen und die Kerne entfernen, den Saft dabei auffangen. Die Filets mit dem Saft in eine Schüssel geben. In einer zweiten Schüssel die Backpflaumen mit heißem Wasser bedecken, den Teebeutel hinzufügen und die Pflaumen 10 Min. weichen lassen. Die Pflaumen abtropfen lassen und mit den Orangenfilets, Zucker, Zimt und Armagnac mischen.

Den Backpflaumensalat bei Zimmertemperatur durchziehen lassen.

Für 6 Personen

3 Orangen
300 g entsteinte Backpflaumen
1 Beutel schwarzer Tee
3 EL Zucker
1 Msp. Zimt oder gemahlene Vanille
2 EL Armagnac oder Cognac (nach Belieben)

Schokoladentarte

Für 6 Personen

1 Portion süßer Mürbeteig
450 g dunkle Schokolade (mind. 60% Kakaoanteil)
1 Vanilleschote
300 g Sahne
4 Eigelb
50 g weiche Butter

Den Backofen auf 180 °C (160 °C Umluft) vorheizen. Eine Tarteform (28 cm Durchmesser) mit dem Teig auskleiden. Boden und Rand mit einer Gabel einstechen und den Teig 20 Min. blindbacken.
In der Zwischenzeit die Schokolade grob zerkleinern und die Vanilleschote der Länge nach halbieren. Die Schokolade mit der Sahne und der Vanilleschote bei geringer Hitze in einer Kasserolle schmelzen, bis eine glatte Creme entstanden ist.
Den Topf vom Herd nehmen. Die Eidotter und die Butter in kleinen Stücken untermischen.
Die Schokoladencreme auf dem vorgebackenen Tarteboden verstreichen und bei Zimmertemperatur erkalten lassen.

Die Schokoladentarte wird kalt serviert.

Sophies Tipp

Verfeinern Sie die Schokoladencreme noch mit Orangeat oder mit Walnüssen, Mandeln, Haselnüssen, Rosinen …

Orangensalat

Für 6 Personen

10 Orangen
10 Minzeblätter
2 EL Honig
1 Msp. Zimt
1 TL Orangenblütenwasser

Die Orangen dick abschälen. Die Filets aus den Häutchen lösen und die Kerne entfernen, den Saft dabei auffangen.
Die Orangenfilets mit dem Saft in eine Schale geben.
Die fein geschnittenen Minzeblätter, Honig, Zimt und das Orangenblütenwasser hinzufügen und die Schale abdecken.

Den Orangensalat vor dem Servieren 1 Stunde im Kühlschrank durchziehen lassen.

Feine Aprikosentarte

Den Backofen auf 180 °C (160 °C Umluft) vorheizen. Die Löffelbiskuits in einer Schüssel zerstoßen und mit den gemahlenen Mandeln mischen.
Die Aprikosen halbieren und entkernen.
Den Teig samt Backpapier auf das Backblech oder eine Silikonbackmatte legen.
Den Tarteboden mit der Mandelmischung bestreuen. Die Aprikosen mit der Schnittfläche nach oben darauf verteilen. Die Tarte mit dem Vanillinzucker bestreuen und 30 Min. backen.
Die Tarte nach dem Backen mit den Pistazien garnieren.

Die Aprikosentarte schmeckt warm oder kalt.

Für 6 Personen

1 Portion backfertiger Blätterteig
4 Löffelbiskuits
20 g gemahlene Mandeln
1 kg feste, gerade reife Aprikosen (etwa 12 Stück)
1 Päckchen Vanillinzucker
20 g geschälte Pistazien

Sophies Tipp

Sie können die Pistazien auch durch Mandelblättchen oder ganze Mandeln ersetzen.

Birnensalat mit Pistazien

Die Birnen schälen, von den Kerngehäusen befreien und in Stücke schneiden.
Die Birnenstücke in einer Schale mit dem Zitronensaft mischen. Den Zucker, die gehackten Pistazien und den Birnenlikör hinzufügen. Nochmals durchmischen und die Schale abdecken.

Den Birnensalat vor dem Servieren mindestens 1 Stunde im Kühlschrank durchziehen lassen.

Für 6 Personen

4 reife Birnen
Saft einer 1/2 Zitrone
30 g Zucker
50 g geschälte Pistazien
3 EL Birnenlikör

Feigentarte

Für 6 Personen

1 Portion Sandteig
100 g Puderzucker
100 g weiche gesalzene Butter
100 g gemahlene Mandeln
1 Ei
16 frische Feigen
2 EL Honig
Saft einer 1/2 Zitrone

Den Backofen auf 180 °C (160 °C Umluft) vorheizen. Eine Tarteform (28 cm Durchmesser) mit dem Teig auskleiden und die Form in den Kühlschrank stellen.
Den Zucker, die Butter in kleinen Stücken, die gemahlenen Mandeln und das Ei in einer Schüssel mit dem Kochlöffel vermengen.
Die Feigen waschen und vierteln.
Die Mandelcreme auf dem Tarteboden verstreichen, die Feigen mit der Schnittfläche nach oben darauf verteilen und die Tarte 30 Min. backen.
In der Zwischenzeit den Guss herstellen. Dazu den Honig in einer Kasserolle mit dem Zitronensaft aufkochen. Den Topf danach sofort vom Herd nehmen und beiseite stellen. Unmittelbar nach dem Backen den Guss mit einem Pinsel auf die Tarte streichen.

Die Feigentarte schmeckt warm oder kalt.

Sophies Tipp

Sie können die Mandelcreme noch mit zerstoßenen Walnüssen anreichern oder die Tarte mit Walnüssen garnieren. Walnusskerne lassen sich übrigens leichter aus den Schalen lösen, wenn man die Nüsse vor dem Knacken über Nacht in Zuckerwasser legt.

Honigeis

Die Eidotter in einer Schüssel kräftig mit dem Zucker verquirlen. Dann zunächst den Honig und die Crème double* und anschließend nach und nach die Milch unterrühren.
Die Mischung mindestens 30 Min. in den Kühlschrank stellen. Danach in die Eismaschine (oder Sorbetière) umfüllen und gefrieren lassen.

Das Honigeis können Sie entweder sofort genießen oder einfrieren.

Für 6 Personen

4 Eigelb
80 g Zucker
150 g flüssiger Akazienhonig
*100 g Crème double**
500 ml Vollmilch

Birnentarte mit Mandeln

Für 6 Personen

1 Portion Sandteig
100 g Puderzucker
100 g weiche gesalzene Butter
100 g gemahlene Mandeln
1 Ei
2 cl Birnengeist (nach Belieben)
1 große Dose Birnenhälften
20 g Mandelblättchen

Den Backofen auf 180 °C (160 °C Umluft) vorheizen. Eine Tarteform (28 cm Durchmesser) mit dem Teig auskleiden und die Form in den Kühlschrank stellen.
Den Zucker, die Butter in kleinen Stücken, die gemahlenen Mandeln, das Ei und den Birnengeist in einer Schüssel mit dem Kochlöffel vermengen.
Die Birnenhälften abtropfen lassen.
Die Mandelcreme auf dem Tarteboden verstreichen und die Birnenhälften darauf verteilen.
Die Tarte mit den Mandelblättchen bestreuen und 30 Min. backen.

Die Birnentarte schmeckt warm oder kalt.

Sophies Tipp

Sie können die gemahlenen Mandeln auch durch gemahlene Haselnüsse ersetzen.

Schokoladensauce

Für 6 Personen

150 g dunkle Schokolade (mind. 60% Kakaoanteil)
150 g Sahne

Die Schokolade in Stücke brechen und bei geringer Hitze – in einer Kasserolle oder in einer Schüssel in der Mikrowelle – schmelzen.
Die Kasserolle vom Herd nehmen und die Sahne einrühren.

Die Schokoladensauce wird warm serviert. Zum Warmhalten füllen Sie sie einfach in eine Thermoskanne.

Quarktarte

Für 6 Personen

1 Portion süßer Mürbeteig
5 Eier
350 g Quark (40% oder 20%)
150 g Zucker
50 g doppelgriffiges Mehl
1/2 TL gemahlene Vanille
abgeriebene Schale einer 1/2 Zitrone
250 ml Vollmilch

Den Backofen auf 180 °C (160 °C Umluft) vorheizen. Eine Tarteform (28 cm Durchmesser) mit dem Teig auskleiden und die Form in den Kühlschrank stellen.
Die Eier trennen.
Die Eidotter in einer Schüssel mit dem Quark vermengen. Zucker, Mehl, die gemahlene Vanille, die abgeriebene Zitronenschale und die Milch untermischen. Die Eiweiße sehr steif schlagen und vorsichtig unter den Quark heben. Den Tarteboden mit der Masse bestreichen und die Tarte 30 Min. backen.

Die Quarktarte wird kalt serviert.

Sophies Tipp

Damit die Quarkfüllung nicht zusammenfällt, sollten Sie die Tarte unmittelbar nach dem Backen vorsichtig auf ein Kuchengitter stürzen und erst nach dem Abkühlen mit der Quarkseite nach oben drehen.

Erdbeer-Himbeer-Salat

Für 6 Personen

300 g Erdbeeren
300 g Himbeeren
Saft einer Zitrone
150 g Zucker
1 Päckchen Vanillinzucker
1 Prise frisch gemahlener Sarawak-Pfeffer (nach Belieben)
50 ml Sauternes oder Champagner (nach Belieben)

Die Erdbeeren waschen, entstielen und vierteln. Mit den Himbeeren in eine Schale geben und mit dem Zitronensaft begießen.
Zucker, Vanillinzucker, Pfeffer und Wein oder Champagner hinzufügen, durchmischen und die Schale abdecken.

Den Erdbeer-Himbeer-Salat vor dem Servieren 1 Stunde im Kühlschrank durchziehen lassen.

Tartelettes à la Crème brûlée

Für 6 Personen

1 Portion süßer Mürbeteig
7 Eigelb
70 g Streuzucker
1/2 TL gemahlene Vanille
*200 g Crème double**
3 EL Farin- oder Kristallzucker

Den Backofen auf 180 °C (160 °C Umluft) vorheizen. Mit einer Ausstechform oder einer kleinen Schüssel sechs Kreise mit 12 cm Durchmesser aus dem Teig ausstechen und sechs Tarteletteformen (10 cm Durchmesser) damit auskleiden. Die Böden und die Ränder mit einer Gabel einstechen und die Tartelettes 10 Min. blindbacken.
Die Eidotter in einer Schüssel kräftig mit dem Streuzucker und der gemahlenen Vanille verquirlen. Anschließend die Crème double* unterrühren. Die Masse auf die Böden verteilen und die Tartelettes nochmals 10 Min. bei 180 °C (160 °C Umluft) backen.
Die Tartelettes unmittelbar vor dem Servieren mit dem Zucker bestreuen und ihn mithilfe eines Camping-Gaskochers karamellisieren. Die Ränder der Tartelettes dabei mit Alufolie abdecken, damit sie nicht verbrennen. Die Alufolie danach sofort wieder entfernen. Sie können die Tartelettes zum Karamellisieren aber auch für 3 Min. unter den Backofengrill schieben.

Die Tartelettes à la Crème brûlée schmecken warm oder kalt.

Sophies Tipp

Verfeinern Sie die Crème brûlée doch einmal mit Orangeat oder Zitronat oder mit Muskatnuss oder Muskatblüte.

Kirschsalat

Die Kirschen waschen, entstielen und entkernen. Zucker, Wein und Zimt in einer Kasserolle 10 Min. bei geringer Hitze zu einem dickflüssigen Sirup einkochen. Die Kirschen hinzufügen und das Ganze weitere 10 Min. bei geringer Hitze köcheln. Auskühlen lassen und abdecken.

Den Kirschsalat vor dem Servieren mindestens 1 Stunde in den Kühlschrank stellen.

Für 6 Personen

1 kg Knorpel- oder Burlatkirschen
150 g Zucker
150 ml Rotwein
2 Msp. Zimt oder gemahlene Vanille

Walnusstarte mit Ahornsirup

Den Backofen auf 180 °C (160 °C Umluft) vorheizen. Eine Tarteform (28 cm Durchmesser) mit dem Teig auskleiden und die Form in den Kühlschrank stellen.
Die Eier in einer Schüssel mit Crème double*, Mehl und Ahornsirup zu einer glatten Creme verrühren. Die Hälfte der Walnusskerne zerstoßen und unterheben. Die Masse auf dem Tarteboden verstreichen, die Tarte mit den restlichen Walnusskernen bestreuen und 40 Min. backen.

Die Walnusstarte schmeckt am besten kalt.

Für 6 Personen

1 Portion Sandteig
4 Eier
*100 g Crème double**
60 g Mehl
500 ml Ahornsirup
200 g Walnusskerne

Sophies Tipp Verfeinern Sie die Tarte noch mit etwas Orangeat.

Vanilleeis mit Schokosplittern

Die Eidotter in einer Schüssel kräftig mit dem Zucker und der gemahlenen Vanille verquirlen. Dann zunächst die Crème double* und anschließend nach und nach die Milch unterrühren. Das Ganze mindestens 30 Min. in den Kühlschrank stellen.
Danach in die Eismaschine (oder Sorbetière) umfüllen und gefrieren lassen.
Die Maschine nach der Hälfte der Gefrierzeit kurz ausschalten und die Schokosplitter unterheben.

Das Vanilleeis können Sie entweder sofort genießen oder einfrieren.

Für 6 Personen

4 Eigelb
80 g Zucker
1/2 TL gemahlene Vanille
*100 g Crème double**
500 ml Vollmilch
200 g Schokoladensplitter

Feine Nutella-Bananen-Tarte

Den Backofen auf 180 °C (160 °C Umluft) vorheizen. Den Teig samt Backpapier auf das Backblech oder eine Silikonbackmatte legen. Nutella auf dem Teig verstreichen. Die Bananen in etwa 1 cm dicke Scheiben schneiden und darauf verteilen. Die Tarte mit dem Vanillinzucker bestreuen und 30 Min. backen.

Die Nutella-Tarte schmeckt warm oder kalt.

Für 6 Personen

1 Portion backfertiger Blätterteig
3 geh. EL Nutella
4 nicht zu reife Bananen
1 Päckchen Vanillinzucker

Sophies Tipp

Sie können die Bananen auch durch 4 Äpfel oder 4 reife Birnen (bzw. 1 große Dose Birnen) ersetzen.

Bananeneis

Die Eidotter in einer Schüssel kräftig mit dem Zucker verquirlen. Die Banane mit einer Gabel zerdrücken und untermischen. Anschließend die Crème double* unterheben.
Nach und nach die Milch einrühren und das Ganze mindestens 30 Min. in den Kühlschrank stellen. Anschließend in die Eismaschine (oder Sorbetière) umfüllen und gefrieren lassen.

Das Bananeneis können Sie entweder sofort genießen oder einfrieren.

Für 6 Personen

4 Eigelb
80 g Zucker
1 reife Banane
*100 g Crème double**
500 ml Vollmilch

Apfeltarte

Für 6 Personen

1 Portion Sandteig oder süßer Mürbeteig

4 Äpfel (Golden Delicious oder Reinette)

20 g Butter

1 Päckchen Vanillinzucker plus 1/2 TL Zimt

Für das Kompott:

2 Äpfel (Golden Delicious oder Reinette)

1 haselnussgroßes Stückchen Butter

50 g Zucker

Den Backofen auf 180 °C (160 °C Umluft) vorheizen. Eine Tarteform (28 cm Durchmesser) mit dem Teig auskleiden und die Form in den Kühlschrank stellen.
Für das Kompott die Äpfel schälen und in Stücke schneiden. Die Butter in einer Pfanne zerlassen.
Die Äpfel und den Zucker hinzufügen, umrühren und das Ganze bei geringer Hitze etwa 10 Min. köcheln lassen. Dabei gelegentlich umrühren.
In der Zwischenzeit die restlichen Äpfel schälen und in etwa 1/2 cm dicke Spalten schneiden.
Das Kompott auf dem Tarteboden verteilen und mit den Apfelspalten belegen. Die Spalten sollten sich dabei etwas überlappen.
Die Tarte mit Butterflöckchen besetzen, mit dem Vanillin-Zimt-Zucker bestreuen und 30 Min. backen.

Die Apfeltarte schmeckt am besten kalt.

Sophies Tipp Sie können die Äpfel auch durch Birnen ersetzen.

Quarksorbet

Den Zucker mit 120 ml Wasser in einer Kasserolle aufkochen. Den Topf dann vom Herd nehmen und den Sirup abkühlen lassen.
Den Sirup mit dem Quark vermischen und mindestens 30 Min. in den Kühlschrank stellen.
Die Masse dann in die Eismaschine (oder Sorbetière) umfüllen und gefrieren lassen.

Das Quarksorbet können Sie entweder sofort genießen oder einfrieren.

Für 6 Personen

150 g Zucker
600 g Quark (20%)

Erdbeertarte

Für 6 Personen

1 Portion Sandteig
500 ml Vollmilch
1/2 TL gemahlene Vanille
4 Eigelb
1 Ei
20 g Zucker
1 EL Mehl
3 EL Speisestärke
120 g weiche Süßrahmbutter
500 g Erdbeeren

Den Backofen auf 180 °C (160 °C Umluft) vorheizen. Eine Tarteform (28 cm Durchmesser) mit dem Teig auskleiden. Boden und Rand mit einer Gabel einstechen und den Teig 20 Min. blindbacken.
Die Milch in einer Kasserolle mit der gemahlenen Vanille aufkochen. Die Eidotter, das Ei und den Zucker in einer Schüssel schaumig schlagen. Das Mehl und die Speisestärke kräftig unterschlagen und etwas Milch unterrühren. Die Creme zu der Milch in die Kasserolle geben und das Ganze unter Rühren aufkochen. Die Wärmezufuhr dann verringern und die Masse noch 2 Min. kochen lassen. In eine Schüssel umfüllen und 60 g Butter in kleinen Stücken unterheben. Die Schüssel mit Frischhaltefolie abdecken und die Creme abkühlen lassen. Bevor die Creme ganz abgekühlt ist, die restliche Butter kräftig untermengen.
Die Erdbeeren waschen und entstielen.
Große Früchte halbieren.
Die Creme – am besten mit dem Spritzbeutel – auf dem vorgebackenen Tarteboden verteilen und die Erdbeeren vorsichtig daraufsetzen.

Die Erdbeertarte wird kalt serviert.

Sophies Tipp

Etwas weniger gehaltvoll wird die Tarte, wenn Sie die Creme zur Hälfte durch geschlagene Sahne ersetzen.

Rotes Fruchtpüree

Den Zucker mit 200 ml Wasser in einer Kasserolle aufkochen. Sobald der Sirup kocht, den Topf vom Herd nehmen.
Die Früchte 15 Sek. mit dem Pürierstab oder im Mixer mit dem Sirup und dem Zitronensaft pürieren und das Püree danach gegebenenfalls noch durch ein feines Sieb passieren, um die Kerne zu entfernen.

Das Püree vor dem Servieren mindestens 12 Stunden zugedeckt in den Kühlschrank stellen. Das Püree lässt sich auch hervorragend in Eiswürfelbereitern einfrieren.

Für 6 Personen

20 g Zucker

125 g frische rote Früchte (Erdbeeren, Himbeeren, Preiselbeeren …)

1 TL Zitronensaft

Zwetschgentarte

Für 6 Personen

1 Portion Sandteig
100 g Puderzucker
100 g weiche gesalzene Butter
100 g gemahlene Mandeln
1 Ei
500 g Zwetschgen (etwa 30 Stück)
1 Päckchen Vanillinzucker

Den Backofen auf 180 °C (160 °C Umluft) vorheizen. Eine Tarteform (28 cm Durchmesser) mit dem Teig auskleiden und die Form in den Kühlschrank stellen.
Den Puderzucker, die Butter in kleinen Stücken, die gemahlenen Mandeln und das Ei in einer Schüssel mit einem Kochlöffel vermengen.
Die Zwetschgen waschen, halbieren und entkernen. Die Mandelcreme auf dem Tarteboden verstreichen und die Zwetschgen mit der Schnittfläche nach oben darauf verteilen. Die Tarte mit dem Vanillinzucker bestreuen und 30 Min. backen.

Die Zwetschgentarte schmeckt am besten warm.

Sophies Tipp

Sie können die Zwetschgen auch durch Reinecloden, Mirabellen oder Aprikosen ersetzen.

Vanilleeis

Für 6 Personen

4 Eigelb
80 g Zucker
1/2 TL gemahlene Vanille
*100 g Crème double**
500 ml Vollmilch

Die Eidotter in einer Schüssel kräftig mit dem Zucker und der gemahlenen Vanille verquirlen. Dann zunächst die Crème double* und anschließend nach und nach die Milch einrühren. Das Ganze mindestens 30 Min. in den Kühlschrank stellen.
Danach in die Eismaschine (oder Sorbetière) umfüllen und gefrieren lassen.

Das Vanilleeis können Sie entweder sofort genießen oder einfrieren.

Kirschtarte

Für 6 Personen

1 Portion Sandteig oder süßer Mürbeteig
1 kg entsteinte Kirschen
4 Löffelbiskuits
20 g gemahlene Mandeln
2 EL Kristallzucker
20 g geschälte Pistazien

Den Backofen auf 180 °C (160 °C Umluft) vorheizen. Eine Tarteform (28 cm Durchmesser) mit dem Teig auskleiden und die Form in den Kühlschrank stellen.
Die Kirschen halbieren.
Die Löffelbiskuits in einer Schüssel zerkrümeln und mit den gemahlenen Mandeln mischen. Den Tarteboden damit bestreuen und die Kirschen darauf verteilen. Die Tarte mit dem Zucker bestreuen und 30 Min. backen.
Die Tarte nach dem Backen mit den Pistazien garnieren.

Die Kirschtarte schmeckt warm oder kalt.

Sophies Tipp

Die gemahlenen Mandeln und die Löffelbiskuits saugen den austretenden Fruchtsaft auf, und der Tarteboden weicht nicht auf.

Zitronensorbet

Für 6 Personen

Saft von 5 unbehandelten Zitronen
200 g Zucker

Den Zucker mit 400 ml Wasser in einer Kasserolle aufkochen. Den Topf dann vom Herd nehmen und den Sirup abkühlen lassen. Den Zitronensaft hinzufügen und das Ganze mindestens 30 Min. in den Kühlschrank stellen. Anschließend in die Eismaschine (oder Sorbetière) umfüllen und gefrieren lassen.

Das Zitronensorbet können Sie entweder sofort genießen oder einfrieren.

Pfirsichtarte

Den Backofen auf 180 °C (160 °C Umluft) vorheizen. Eine Tarteform (28 cm Durchmesser) mit dem Teig auskleiden und die Form in den Kühlschrank stellen. Die Pfirsiche schälen und vierteln. In einer Schüssel Zucker und Mehl mischen.
Die Pfirsiche auf dem Tarteboden verteilen und mit der Zucker-Mehl-Mischung bestreuen. Die Butter in Flöckchen daraufsetzen. Die Tarte mit dem Zitronensaft beträufeln und 30 Min. backen.

Die Pfirsichtarte schmeckt warm oder kalt.

Für 6 Personen

1 Portion Sandteig oder süßer Mürbeteig
6 gelbe oder weiße Pfirsiche
150 g Kristallzucker
25 g Mehl
20 g Butter
Saft einer 1/2 Zitrone

Sophies Tipp

Sie können die Pfirsiche auch durch Nektarinen ersetzen.

Weinsorbet

Den Zucker in einer Kasserolle mit 150 ml Wasser aufkochen. Den Topf dann vom Herd nehmen und den Sirup abkühlen lassen.
Den Wein einrühren und das Ganze mindestens 30 Min. in den Kühlschrank stellen.
Anschließend in die Eismaschine (oder Sorbetière) umfüllen und gefrieren lassen.

Das Weinsorbet können Sie entweder sofort genießen oder einfrieren.

Für 6 Personen

150 g Zucker
350 ml Sauternes

Danksagung

Marie-Claire Chalet und ihren Verwandten und Freunden, die sich bereit erklärten, zwei Wochen lang mittags und abends nur Tartes zu essen.

Frédérique Delbos für die kunstvolle Bemalung des Geschirrs für La Maison de Sophie.

Der Firma CroustiPâte für ihre exzellenten Fertigteige, die ich nur wärmstens empfehlen kann! www.croustipate.com

Der Firma Lesieur für die aromatisierten Olivenöle der Marke Jardin d'Orante, die all meinen Gerichten erst ihre besondere Note verleihen. www.lesieur.fr

Der Firma Revol für ihre ebenso praktische wie geschmackvolle weiße Porzellanserie. www.revol-porcelaine.fr

Der Firma British Shop für ihren Frühstücksservice, der uns stets einen guten Start in den Tag bescherte.

Der Firma Kitchen Aid, insbesondere für ihre Küchenmaschine, die uns das Leben enorm erleichtert.

Arthur Martin, mit dessen neuem Backofen, der sogar über ein Programm für Cakes und Tartes verfügt, uns kein Gericht mehr misslingen wird. www.electromenager-fr.com

Der Firma Tefal, die uns immer wieder neue Küchen- und Kochgeräte beschert.

Der Firma Le Creuset für ihre Kochtöpfe, die ein Leben lang halten und in denen man unvergleichlich schonend garen kann. www.lecreuset.fr

Der Firma Cristal de Bretagne für ihre Gläser, aus denen man selbst Wasser mit größtem Genuss trinkt! Marie-Laure Gesbert – Tel. 0033-02 99 94 46 46

Der Firma Maison Strosser für ihre herrlichen Kücheneinrichtungen aus Massivholz. M. Le Pennec www.maisonstrosser.com

Der Firma Lacanche für ihren prachtvollen Herd, auf dem Kochen eine wahre Freude ist. www.fourneaux-de-france.com

Der Firma Jacquard Français für ihre hochwertigen und doch so pflegeleichten Tischdecken und Servietten. www.le-jacquard-francais.fr

Allen Firmen, die uns ihre Produkte für dieses Buch zur Verfügung gestellt haben:

Designers Guild; 10, rue Saint-Nicolas – 75011 Paris

Les Fées d'herbe; 23, rue Faidherbe – 75011 Paris

Alexandre Turpault; in großen Kaufhäusern

Gien; 18, rue de l'Arcade – 75008 Paris

Les Toiles du Soleil; Sophie Gourvenec.
Tel. 0033-04 68 68 47 26

Sabre; 145, rue de Belleville – 75019 Paris

Déjeuner sur l'herbe; Fabienne oder Véronique.
15, rue Vergniaud – 92320 Levallois-Perret

Kleine Warenkunde

internationaler Zutaten (in den Rezepten mit * gekennzeichnet)

Andouille und **Andouillettes** sind typisch französische Wurstspezialitäten. Es handelt sich dabei um frische oder geräucherte Würste bzw. Würstchen aus Innereien vom Schwein oder Kalb, die mit Wein, Zwiebeln und Gewürzen verfeinert werden. Man isst sie kalt in Scheiben geschnitten oder als Bratwurst.
Cantal ist ein halbfester Schnittkäse aus Kuhmilch mit einem Fettgehalt von 45% und leicht salzigem, haselnussigem Geschmack.
Comté ist ein französischer Hartkäse aus Kuhmilch mit einem Fettgehalt von 45% und buttrig-fruchtigem Geschmack.
Coppa ist eine fette, sehr würzige italienische Wurst aus gepökeltem, geräuchertem Schweinefleisch, das in Rotwein und Knoblauch mariniert wurde.
Crème double kann durch Sauerrahm (nicht zu verwechseln mit saurer Sahne) ersetzt werden. In der französischen Originalausgabe dieses Buches wird statt Crème double immer Crème fraîche épaisse verwendet. Diese ist bei uns aber kaum zu bekommen.
Escariol ist eine glatte Endivie mit relativ derben grünen Blättern und gelbem Herzen.
Fourme d'Ambert ist ein Schimmelkäse aus Kuhmilch mit einem Fettgehalt von 45% und leicht bitterem Geschmack.
Malibu ist ein klarer Fruchtlikör aus weißem Rum, Zucker und Kokosnussextrakten mit einem Alkoholgehalt von 21 Vol.-%. Er stammt ursprünglich aus der Karibik und wird meist mit Milch und Fruchtsäften gemischt oder für Cocktails verwendet.
Maroilles ist ein Weichkäse aus Kuhmilch mit kräftig-erdigem Geschmack und einem Fettgehalt von 45 bis 50%.
Montbéliard-Wurst ist eine mit Knoblauch und Kümmel verfeinerte französische Wurstspezialität aus Schweinefleisch und -fett.
Morbier ist ein mild-aromatischer Weichkäse aus Kuhmilch mit einer schwarzen Rußschicht in der Mitte und einem Fettgehalt von 45%.
Morteau-Wurst ist eine würzige Kochwurst aus grob gehacktem Schweinefleisch.
Munster, auch **Münsterkäse,** ist ein halbfetter Weichkäse aus Kuhmilch mit einem Fettgehalt von 35 bis 50%. Er schmeckt sahnig, erdig und würzig und kann auch mit Kümmel gewürzt sein. Wird besonders im Elsass und in Lothringen gerne zu Pellkartoffeln gegessen.
Ossau-Iraty, eine baskische Spezialität, ist ein milder, erdig-würziger halbharter Käse aus frischer Schafsmilch mit einem Fettgehalt von mindestens 50%.
Pancetta, eine italienische Spezialität, ist eine milde, zarte Wurst aus leicht durchwachsenem, gepökeltem Bauchspeck vom Schwein.
Petit Suisse ist ein in Frankreich und der Schweiz beliebter süß-säuerlicher Frischkäse aus mit etwas Rahm angereicherter Kuhmilch, der in kleinen Portionsbechern (à ca. 30 g) angeboten wird. Als Ersatz bietet sich ungesalzener Frischkäse an.
Piment d'Espelette ist ein Chilipfeffer aus dem französischen Baskenland.
Pont-l'évêque ist ein französischer Weichkäse aus Kuhmilch mit kräftig-erdigem Geschmack und einem Fettgehalt von 45 bis 50%. Die Rinde sollte vor dem Verzehr entfernt werden.
Pralines Roses oder **Blanches de Coco** sind eine kreolische Konfektspezialität, die sich besonders in der Gegend um New Orleans großer Beliebtheit erfreut. Sie werden aus Zuckersirup und geraspelter Kokosnuss hergestellt. Die Pralines Roses werden anschließend mit roter Speisefarbe eingefärbt.
Provolone ist ein italienischer Knetkäse aus Kuhmilch mit mindestens 44% Fettgehalt.
Puy-Linsen (Verte du Puy) sind besonders fein und gelten als die besten grünen Linsen.
Reblochon, ein cremig-milder Butterkäse aus Kuhmilch mit einem Fettgehalt von 50%, ist eine Spezialität aus Savoyen. Er wird mit der Rinde gegessen.
Rillette ist im eigenen Schmalz eingemachtes Schweinefleisch – eine Spezialität aus dem Loiretal. Gelegentlich wird es auch aus Kaninchen- und Geflügelfleisch hergestellt. Bekommt man auch bei uns in gut sortierten Feinkostgeschäften.
Tomme ist ein milder Halbhartkäse aus Schafs-, Ziegen- oder Kuhmilch mit einem Fettgehalt zwischen 20 und 45%.
Zitrone in Salz und Olivenöl eingelegt, ist eine marokkanische Spezialität, die man auch selbst herstellen kann. Im Handel ist sie bei uns nur schwer erhältlich. Rezepte finden Sie auch im Internet.

Register